T.

Gracias a la
vida por -
en mi camino.
A mi querido amigo
Jorge Seco -

[signature]

Autoras: Teresita Torterolo y María Rodríguez Sánchez.

Título de la obra: Hija del dolor. Hermana de la muerte. Héroe de mi propia vida

Número de páginas: 168

ISBN-13: 978-1544102184

ISBN-10: 1544102186

Género: Biografía, autobiografía.

Año de Publicación: 2017.

Edición y diagramación: Massiel Alvarez y Juan Navidad
NobelEditores.com
www.laovejitaebooks.com

Hija del dolor

Teresita Torterolo

María Rodríguez Sánchez

PRÓLOGO

Las historias basadas en hechos reales, por contexto y particular vivencia, siempre dejan un sabor a la vida misma.

Esta historia, sorprenderá y llegará al corazón de muchos, ya que cuenta con los ingredientes únicos y perfectos que hablan de supervivencia, dolor, muerte y sentimientos extremos que llevan a un ser, a plantearse la vida desde una perspectiva diferente.

En el alma siempre guardé el recuerdo de aquella niña rubia, hermosa, que había sufrido algo tan terrible y que a mi corta edad no lograba comprender.

Recuerdo el llanto desgarrado de mi madre, que me conmovió de tal forma, que solo atiné a callar y observar, mientras ella como pudo, me relataba la noticia de una tragedia que le ocurría a una familia cercana a nuestra casa.

Con el tiempo y los años, viajé a Nueva York, en busca de nuevas oportunidades, intentando dejar atrás, como tantas otras cosas, el recuerdo de aquello que impactó mi niñez.

La tecnología, permitió que a través de una red social me reencontrara con el grupo de la escuela secundaria, al cual habíamos acudido las dos, esa hermosa niña rubia llamada Teresa, y yo.

Este libro nos une de una manera especial y nos permite trascender distancias y fronteras, con el propósito de ayudar a quienes todavía no logran liberarse del sufrimiento que los mantiene atados a un pasado traumático, violento y abusivo.

Esta es una narración hecha desde una memoria presente que no olvida detalles y que fue compartida con quien desde el corazón, trata de reflexionar sobre ese sentir, respetando su veracidad en todo momento.

Los invito entonces, a leer una historia diferente, que les permitirá apreciar sin importar las circunstancias, que siempre vale la pena luchar por una vida llena de plenitud y felicidad.

MARÍA RODRÍGUEZ SÁNCHEZ

NEW YORK, FEBRERO 2017

AGRADECIMIENTOS

Ante todo, mi profundo agradecimiento a cuatro seres fundamentales para la concreción de este libro, María Rodríguez Sánchez, Dra. Mónica Gonzalez y mis dos ángeles Marisol y Miguel Ángel.

En ustedes encontré mi fuerza, mi propia resistencia y la decision de hacer realidad este sueño, guardado por más de 35 años.

A mi hijo, mi milagro más grande, mi motor para todo.

A mis amigos incondicionales, que siempre me dieron apoyo y creyeron en mí.

A los que por circunstancias de la vida perdí y sobre todo a quienes me perdieron, gracias por hacerme aún más fuerte, entendiendo que tenía que seguir.

A mi pequeña familia, los que siguen a mi lado y los que no, sepan que no guardo rencor, pero tengo memoria.

A la vida... a esta vida única.

"A veces la vida te pone a prueba para ver si eres lo suficientemente fuerte para seguir adelante".

Gracias, gracias, gracias..

Teresa

Hija del dolor
Hermana de la muerte
Héroe de mi propia vida

Teresita Torterolo
María Rodríguez Sánchez

CAPÍTULO I
DE LA INOCENCIA A LA VIOLENCIA.

Era una tibia noche de verano, llenita de estrellas. Como de costumbre, mis hermanos y yo salimos a jugar.

La casa, lindera a la pista del aeropuerto, simulaba una suerte de sombras y silencios. Corríamos y mirábamos al cielo, como esperando algo nuevo y mágico, hasta que el aterrizaje de un avión nos sorprendía con su estruendo y nos transportaba a ese mundo distinto, que tanto anhelábamos.

Mientras jugábamos, cobraba vida la ilusión y la esperanza de no perder la inocencia, en la infancia carente de grandes alegrías, que nos había tocado vivir.

Era difícil mantener la alegría en un ambiente hostil, donde imperaba la exagerada limpieza de mi madre, y sus exigencias, sin duda tratando tal vez de cubrir su gran soledad y la realidad de una joven que con tan solo 17 años se había atrevido a ser mamá, seguramente con la mejor intención. Un ejemplo como tantos, de vida de mujercitas que con una caricia y palabras, envuelven su joven corazón con la promesa de una vida llena de felicidad. Eso debió de haberle sucedido a mi madre.

Así como ella mantenía su rostro rígido, y su mirada dirigida a que estuviéramos limpios y todo ordenado; siempre veía en ella la tristeza. Esa mezcla de juventud desvaneciéndose, con la responsabilidad de criar cuatro niños, junto a un hombre lleno de rabia, soberbia y malas palabras. Ella no sabía para nada lo que era la ternura, la calidez, la compasión, mucho menos el amor.

Comenzaba así mi camino por la vida, con una infancia compleja, y a la vez llena de estrellas que iluminaban mi inocencia sedienta de juegos y risas.

Con mi madre aprendí a jugar a la lotería, a saltar a la cuerda, y a planchar. Si me portaba bien, me ponía un cajón donde subirme, para llegar a la altura de la mesa y planchar pañuelos.

Más adelante, sentí que fui una hija no deseada, ya que mi padre se encargó de demostrármelo, marcando a fuego mi corazón. Sin embargo, esto no borró momentos que sí valieron la pena, porque aunque imperaba la violencia, ella nos amaba con locura.

Se desvivía por nosotros y también por todo, nos golpeaba, así como dolido estaba su corazón, falto de muestras de cariño; ella no podía darnos lo que tanto le faltó recibir. Por eso cada vez que pasaba un avión rozando el techo al aterrizar, hacía olvidarme de todo, con su estruendoso ruido, me alejaba de la realidad y me hacía saltar de alegría, saludando su silueta al pasar.

Por las noches me abrazaba a mi muñeca Natasha, mi fiel compañera, en ella volcaba mi carencia, dándole eternos abrazos llenos de pureza. Ella sabía de mi dolor, de mi necesidad de alegría y de armonía. Ella sabía todo, ella nunca me traicionaría.

En la casa vivíamos siete en total, mi abuelo Pedro, mi padre, de 29 años, mi mamá, 27 de años, mis hermanos Carlos de 9, Miguel Ángel de 6, Marisol de 3 y yo de 8 años. Así estaba conformada la familia.

En un barrio humilde, con buenos vecinos, donde mi padre trabajaba la tierra con el señor Fontela, padre de mi amigo Rodolfo, con quien junto a mis hermanos jugábamos entre los tomates, corriendo hasta quedar exhaustos; creando a cada paso un juguete, con lo que había y al mismo tiempo creando un motivo para reír.

Era el verano de 1972, con un gobierno hasta entonces democrático, y con perfiles de cambios grandes, que se llevaron a cabo posteriormente al próximo año.

Vivíamos de lo que mi padre y su gente cosechaban. Además, la forma en que mi madre nos trataba, dependía de su ánimo y humor. El tiempo transcurría lento, sin demasiada prisa, el ambiente se tornaba tenso, ya que ella nos golpeaba tanto, que a veces deseábamos que terminara el día, de una vez. A veces me preguntaba ¿por qué? Si no había hecho nada mal y mis hermanos, tampoco.

Así, poco a poco, aprendí a guardar mis verdaderos sentimientos, porque temía mostrarlos y no ser comprendida. Así entendí, que era mejor callar, tanto el reír, como el llorar. A pesar de la indiferencia, todo parecía normal, más cuando nos reuníamos con otras personas. Parecíamos una familia perfecta, normal y feliz.

Mi padre se encargaba de que nuestra imagen fuera impecable. Aunque la armonía en el hogar, difícilmente se lograba, imperaba siempre una tensa calma.

Para sobrellevar el día, teníamos mascotas. Josefina, una corderita hermosa y Porky un cerdito que amábamos mucho y cuando creció, lo carnearon. Ese día nos llevaron a otra casa, para no presenciar la escena. Al volver nos dijeron que había desaparecido.

En las noches de verano, nos reuníamos con los Fontela, y jugábamos en el porche de la casa a la rayuela y las escondidas. Corríamos por la quinta y las plantaciones de tomates. ¡Qué lindo era escondernos y llenarnos de risas! Con la escoba de paja, espantábamos a los sapos, habitantes que sin saberlo, dieron un golpe duro a mi corazón, por el resto de mi vida. Mientras mi madre lavaba y lavaba, enjuagando también sus lágrimas. La vi llorar muchas veces, sin entender la razón de su llanto; aunque en el fondo, creo que sí lo entendía.

Recuerdo una vez en la que ella estaba en el hospital, por dar a luz a mi hermanita Marisol, cuando mi hermano mayor y yo presenciamos en la casa una escena no apta para niños, que marcó la existencia del engaño, la infidelidad y la falta de respeto a la familia. Un hecho que hasta hoy me sigo preguntando.

Ella se embarazó a los 17 años. Su primer hijo, mi hermano mayor, nació en 1963, y mis abuelos maternos los obligaron a casarse. Mi padre la alejó de su familia, la cual solo veíamos a escondidas. Muchas veces la vi rogarle que le permitiera ver a su familia, pero delante de mis hermanos, mi padre le decía que no, pegándole y dándole órdenes.

Así era su vida, lavando sus lágrimas y nuestra ropa. Presa de una responsabilidad enorme, con una bella juventud desmembrada, en pos de un amor que estaba solo en su mente. De ella aprendí el silencio, que solo rompía cuando venía Hugo, mi tío, con la autorización de mi padre, ya solo a él le permitía visitarnos. Así escuché muchas veces, como ella relataba su dolor, a base de golpes y engaños.

REFLEXIÓN:

Familia, término que a veces nos ubica en un espacio de tiempo, un lugar geográfico colmado de genes e historias de otros, que cargamos sobre nuestras espaldas. Inconscientemente, recibimos ya desde el vientre de nuestra madre torrentes sanguíneos que nos definen y conjugan la suerte de la herencia adquirida. Sólo por pertenecer a un clan de familia, cargamos con sus miedos, creencias, tradiciones, modos, lenguajes, expresiones y estilos. Familia, lugar donde generamos nuestra memoria compartida y solidificada en pos de muchas expectativas, donde los miembros aspiran que el nuevo integrante colme sus anhelos cargados de esperanza.

Nos convertimos en seres expuestos a los ejemplos de todo color y adquirimos las enseñanzas disfrazadas que poco a poco, desdibujan la verdad de una generación diferente, a veces sumisa, otras desafiante, o simplemente, somos objetos o víctimas de dolores, rencores, miedos, traumas, etc. sorteando la diferencia entre lo bueno y lo malo, por el solo hecho de existir y pertenecer a un lugar donde nacimos. Sin ser más que herederos de sus memorias, muchas veces presos de necesidades que no teníamos que cubrir con nuestra existencia.

Solo venimos al mundo a generar nuestra historia, sin casi imaginar que ya cargamos con vidas de otras vidas. Quizás vidas rotas, deshechas e insalubres. Así, nos convertimos de a poco, o todo el tiempo, en pasajeros dolientes, en una corriente de sangre, que pasa de generación a generación y nos pesan a veces toda nuestra vida, por el solo hecho de pertenecer, a esa familia.

Cuánto dolor podría evitarse, si sanáramos nuestra historia, nuestros miedos, nuestra memoria, antes de traer hijos al mundo solo para cargar en ellos el peso de nuestro fracaso, de nuestro ego herido, de nuestra vida insatisfecha.

Familia, lugar donde se crea el ser que dará cabida a un sinfín de modos para cubrir necesidades incompletas. Espacio de tiempo y cuna de cientos de seres, donde el destino marca que tipo de peso cargará en el camino a ser uno mismo.

Difícil tarea, la de pertenecer y compartir arraigos de los cuales jamás se puede estar ajeno.

Hija del dolor

CAPÍTULO II
PASEO AL INFIERNO

Sábado, 31 de marzo de 1973, jamás olvidaré ese día ni esa fecha, porque a partir de ese instante mi familia y mi vida dieron un vuelco total e irreversible.

Como cada sábado al caer la tardecita, mi padre se bañaba, se afeitaba, se cambiaba y se iba a jugar al billar con amigos de la zona, otros quinteros que al igual que él, cultivaban la tierra.

Nosotros nos quedábamos en casa con mi mamá, mirábamos la televisión y ayudábamos a poner la mesa. Cenábamos los cinco juntos, sin mi abuelo, porque como ya era viejito, a las 19 horas cada día, tomaba sus medicinas y se acostaba. Al otro día, a las 5 de la mañana ya estaba en pie, haciendo cosas por los alrededores de nuestra casa. Era quien arreglaba los alambrados, plantaba en el fondo sus adoradas "sandías", su perejil, sus boniatos. ¡Cómo le gustaba todo eso! Tenía su propia quintita chiquita, al fondo de la casa.

Mi abuelo Pedro, fue un ser especial en mi vida. Me sentaba en sus piernas, y con él aprendí la hora, a contar y me enseñaba canciones en italiano. Era el único ser dulce en nuestra casa. Tenía unos ojos celestes hermosos, que gracias a Dios heredé de él.

También tenía mejillas bien rosadas. Mi abuelo caminaba encorvado, yo lo conocí así, por lo tanto nunca supe que le pasó, supongo que tendría doblada la columna, de tantos años agachado trabajando la tierra.

Ese sábado no fue como todos los anteriores. No, ese sábado cambiaria nuestra vida para siempre, y así fue. Al caer la tardecita, luego que mi padre se fue, mi mamá como era costumbre, nos fue bañando y vistiendo de a uno, le llevaba mucho tiempo ese trabajo, pero así era. No permitía que nos bañáramos solos, porque decía que mi hermano no se bañaba bien y yo no me sabía lavar la cabeza. Mis dos hermanitos chicos obviamente menos, así que tenía esa ardua tarea de ir uno por uno, y finalmente lo hacía ella. Luego nos íbamos a dormir, sin saber nunca a qué hora regresaría mi padre, ya que lo hacía muy tarde o en la madrugada.

Pero ese día no fue como los anteriores. En vez de ponernos los pijamas, nos vistió a los cuatro con la ropa más nueva que teníamos. La ropa que usábamos para salir de paseo. Recuerdo perfectamente, haberle preguntado, a dónde íbamos y su respuesta exacta fue: -Hay una noche estrellada divina y hace calorcito, vamos a ir a dar una vuelta-. Ahí, obviamente se creó un clima de mucha alegría y jolgorio. ¡Nos íbamos a pasear con Mamá!

CAPÍTULO III
EN LA PROFUNDIDAD DEL DOLOR

Recuerdo perfectamente la ropa que teníamos esa noche Marisol y yo, ya que los últimos vestidos que mi mamá nos había mandado a hacer, eran los "vestidos bobitos" que se usaban en aquella época. Eran estampaditos en verde con el canesú blanco y un lazo, que atábamos en la espalda, las dos iguales. Ella tenía por costumbre vestirnos iguales para salir. Los dos varones iban de pantalones cortos azules y remeras blancas, y las nenas con sus vestiditos nuevos.

Mi abuelo nunca se enteró que salimos los cinco de casa esa noche, porque ya hacía mucho rato dormía. Pobrecito, lo que debe haber sido su despertar al día siguiente, o quien sabe a qué hora de la madrugada se enteraría de lo que estaba pasando.

Salimos caminando todos agarraditos de las manos. Mi mamá llevaba a su derecha a Miguelito y en la mano izquierda a Marisol, y un paso más atrás íbamos Carlos y yo, también tomados de la mano. Ella nos obligaba siempre a ir agarrados.

21

Salimos rumbo a la portera de la quinta, que estaba a unos 200 metros de nuestra casa, sobre la ruta 101. Para llegar ahí teníamos que pasar obligatoriamente por la casa de los Fontela, quienes justo ese sábado no estaban. Habían ido a un cumpleaños de un familiar. A escasos metros de esa casa, había un pozo grande y profundo, con un motor adentro. Ese pozo era el que abastecía el agua para toda la quinta. De allí se sacaban unas mangueras de goma muy gruesas, distribuidas por los distintos cuadros de plantaciones de verduras, para su riego.

Todos los días, pasábamos por al lado de ese pozo, absolutamente todos los días, porque estaba al lado del camino, que recorríamos a diario para ir a la escuela, a catequesis, o a hacer los mandados. Lo conocíamos desde que nacimos, pero nunca había pasado, lo que ocurrió esa noche.

Al pasar por la casa de la familia Fontela, ya era de noche, pero era una noche muy clara y estrellada, por lo que ellos no habían dejado ninguna luz encendida. Siempre me pregunté por qué, esa noche, no había nadie... ¿Por qué? Un millón de veces esa pregunta rondó mi cabeza, hasta que llegué a la conclusión de que así estaba escrito. Esa noche solo estábamos nosotros cinco. Nunca sabré que pasaba por la cabeza de mi madre en aquellos años. Éramos todos tan chicos, que ni siquiera preguntábamos por qué lloraba o por qué nos pegaba, o por qué todo.

Al transitar por el camino hacia la ruta donde supuestamente nos dirigíamos, mi mamá nos detuvo a todos, al lado del pozo. Este, tenía un brocal de hormigón en el borde, de aproximadamente un metro de alto, por lo que no llegábamos nunca, para poder subirnos. Entonces mi mamá nos fue tomando de a uno, con sus brazos y nos sentó uno al lado del otro, en el borde de aquel pozo oscuro y profundo, con nuestras piernas hacia adentro.

Recuerdo como si hubiese sido anoche, que a mi izquierda estaba sentadita Marisol y mi mamá parada detrás de ella, rodeándola con sus brazos, por la cintura. Yo tenía tanto miedo de caerme, pero me daba vergüenza o no sé qué, decirle que me quería bajar. Entonces recuerdo perfectamente que empecé a fingir que bostezaba y que tenía sueño, a ver si ella me bajaba de allí, porque estaba aterrada. Todo sucedió en décimas de segundos...

Me vi caer al vacío y delante de mí, iba Marisol también cayendo, hasta que nos tragó el agua. ¡Dios mío! ¿Por qué?

No vi caer a mis hermanos varones, pero sí en medio del agua revuelta, sentí un tirón en mi cabello, muy fuerte. Alguien me estaba agarrando de los cabellos, para sacarme a flote y era mi hermano Carlos. El único que sabía nadar de todos, el único. Se ve que supo o pudo reaccionar rápido, sobre lo que estaba pasando porque yo no. Aun hoy, no sé qué pasó, ni por qué. Logré agarrarme de algo y mi hermano también. Era el soporte del motor que tenía aquel pozo. Por suerte, los dos nos prendimos de ahí. Luego, nos dimos cuenta que nos habíamos salvado, milagrosamente.

Llorábamos y gritábamos con toda nuestra fuerza, pero nadie nos escuchaba, porque no había nadie. Solo la silueta de mi mamá que nos observaba desde arriba, desde el pretil del pozo. Supongo que ella estaba aterrorizada, por lo que había hecho, pero en el más absoluto silencio, hasta que en una nueva décima de segundo, no lo dudó y se arrojó también a ese pozo, decidida totalmente a terminar con su vida y la de sus hijos a quienes tanto amaba. Nuevamente mi hermano reaccionó, la agarró fuerte y no permitió que se ahogara, porque ella tampoco sabía nadar. Ella ahora también se encontraba agarrada del mismo soporte, junto a mi hermano y a mí. Gritando y llorando desesperadamente, ahí permanecimos los tres. Yo, con gritos desgarradores, llamaba a Miguelito y a Marisol. ¡Dios santo! eran tan pequeños e indefensos, que no tuvieron tiempo de reaccionar y mucho menos salvarse.

Luego de muchos años, teniendo yo, 12 o 13 años, me explicaron que al ser chiquitos, se habían ido al fondo, ahogándose rápidamente. Lo único que he pedido hasta el día de hoy es que no hayan llegado a darse cuenta de nada. Espero que no hayan sufrido. Aunque a medida que fui creciendo y entendiendo, imagino lo aterrador, que debe ser para cualquiera, morir ahogado.

REFLEXIÓN:

Heridas:

Término elocuente de marcas que reflejan un dolor dominante, intenso y profundo.

Esos momentos que incluyen el total uso de los sentidos, donde la realidad y la razón se confunden. Situaciones en las que no podemos dominar el miedo, el pánico ni el dolor, mientras intentamos encontrar una salida que apacigüe el sentimiento de desamparo y desesperación. Como en el medio del mar sin salvavidas, como quedarse sin aire, como sentir que se te va la vida.

Heridas, que en un solo instante pueden dejarnos marcas eternas.

Cuando se generan en la infancia, a lo largo de nuestro camino, surgen en algún incidente, o tal vez en el momento menos oportuno, y tratamos de borrar su imagen, convirtiéndonos en víctimas de una lucha interna, sedienta de paz.

Los hechos vividos en nuestra niñez se gestan en pleno proceso de formación, dejando una marca adicional, que nos hace luchar con un ingrediente adicional a la difícil tarea de crecer.

Heridas, que cerraron, pero que siguen con vida.

CAPÍTULO IV
PLAN MACABRO

En medio de ese terror, los tres que nos habíamos salvado, al menos hasta ese momento. Nos abrazamos y comenzamos a rezar todas las oraciones que sabíamos y a gritar pidiendo ayuda. Con la mínima esperanza, de que por fin alguien pasara por la ruta y escuchara nuestros llamados de auxilio.

Entre rezos y oraciones, dentro de ese pozo "maldito" se tramó un plan ideado por mi mamá, para que si alguien nos rescataba, tuviéramos una versión de como habíamos ido a parar allí.

Yo sentía mi pierna izquierda muy lastimada a la altura de la ingle, pero por mi corta edad y estando allá abajo tan profundo y oscuro, no sabía exactamente que me había pasado. Solo recuerdo que lloraba desesperada diciéndole a mi mamá: -No sé qué tengo, mamita, pero estoy en carne viva. ¡Dios santo!

Por instantes, tenía dolor porque estaba dentro del agua y parecía que eso lo calmaba. Pero de repente, la sensación de estar en carne viva me enloquecía y no podía dejar de tocarme las piernas. Así fue como, horas después, comenzaba nuevamente el caos de aquella noche trágica, cuando vimos los tres a una persona que se asomaba por el pretil del pozo, asustadísimo y nervioso. Nunca supe quien fue, pero recuerdo tal cual sus palabras:

Quédese tranquila, señora, que ya viene ayuda para sacarlos de ahí-.

Nuestros ruegos habían sido escuchados por Dios, y aquel señor que pasaba en bicicleta por la ruta se detuvo, al escuchar gritos. Tiempo después, escuché a alguien decir, que paró porque escuchaba como el llanto de unos "gatitos", y eran nuestros llantos aterradores.

Desde ese momento, todo pasó muy rápido. Bocinas, luces, sirenas, bomberos, policías y gente de los alrededores se asomaron a ese pozo maldito, para ayudarnos a salir de allí lo antes posible.

REFLEXIÓN:

Puede la vida.

Puede la vida mudarte la piel, aun cuando tú no comprendas o no puedas defenderte.

¿Puede a un ser pequeño y frágil sumergirlo en una trágica realidad, de la que solo es víctima?

¿Cómo ahuyentar los fantasmas que quedan en esa mente, que solo quería jugar?

¿Podrá la vida devolverle las ganas de reír, de entender que sí hay juegos, calesitas, colores, sabores y paisajes?

Seres inocentes siendo víctimas de mentes enfermas, insatisfechas, dolidas y muertas.

Lo más absurdo es que la niñez debería ser la etapa más feliz de sus vidas.

Absurda muestra de tanta adversidad expuesta, que espera recibir a nuevos miembros de una sociedad en quiebra.

Hija del dolor

CAPÍTULO V
EL RESCATE

Recuerdo a los dos bomberos que bajaron rápidamente y empezaron a atarnos con cuerdas para sacarnos, mientras yo gritaba desesperada del dolor. Fue entonces, cuando se dieron cuenta que estaba herida y no podían sacarme fácilmente. Entonces comenzaron por sacar primero a mi mamá y hermano Carlos, mientras un bombero se quedaba abajo conmigo, hasta que bajó más gente a ayudarlo. Conmigo prendida fuertemente de su cuerpo, vimos cómo bajaron una camilla atada y el adorado bombero se envolvió, atado junto a mí. Muy despacio nos fueron sacando a los dos, en medio de mis gritos desgarradores.

Al salir, me esperaba una ambulancia y una vecina con una frazada, con la que me envolvieron. Me acostaron dentro de la ambulancia, prendieron la sirena y salimos. Sin saber a dónde me llevarían, ni con quién iba, porque todos eran desconocidos para mí.

Recuerdo que un doctor, empezó a gritar al chofer de la ambulancia que entrara urgente a la policlínica del Aeropuerto porque yo "me iba"...

Muchos años después, supe el significado de esa frase. En ese momento, no pude saber más nada, porque perdí el conocimiento. Cuando desperté al día siguiente, frente a mí había una cantidad de médicos y enfermeras, con ropa de quirófano, tapabocas, guantes. Todos alrededor mirándome fijo. Hacía rato esperaban que despertara, hasta que por fin lo hice.

Me explicaron que me habían operado, que había sufrido una fractura de pelvis. No podía mover el brazo derecho, porque estaba conectada con suero y sangre. Me encontraba en la sala de recuperaciones del Hospital de Clínicas y no debía moverme. Todo había salido bien. Dios santo. -¿De verdad, todo estaba bien?

Yo no entendía absolutamente nada, pero así seguí, calladita y llorando sola, no sé cuánto tiempo. No sé si fueron horas, días, no lo sé. Lo cierto es que durante todo ese tiempo, estuve en esa sala sola, absolutamente sola, sin nadie de mi familia, solo médicos y enfermeras. Yo seguía calladita presa de un pánico y terror que al recordarlo, aun hoy me estremece.

Luego me pasaron a una sala. Jamás olvidaré mi estadía en el Hospital, durante los dos meses y medio que llevó mi recuperación. Piso 9, sala 2, cama 16. Este número pasó a ser mi segunda casa.

Instalada ya en sala del Hospital de Clínicas, poco a poco fueron llegando, apenas algunos de los familiares maternos. Recuerdo perfectamente a mi abuela Tota y a mi adorado tío Hugo.

Tenía poco contacto con ellos, los veía muy poco, pero recuerdo el gran alivio que sentí al verlos, al fin alguien de mi entorno se me acercaba, me abrazaba, me llenaba de besos y caricias. Todos muy tristes y con los ojos rojos. Yo no entendía absolutamente nada de lo que estaba pasando afuera. No me animaba a preguntar. Me abrazaban y hablaban en secreto, en clave. Yo estaba inmóvil en aquella cama, con un arco que cubría mi cuerpo para que las sábanas no tocaran mi piel, porque me habían explicado que tenía una operación muy grande. Aun hoy, tengo las marcas.

Me decían que mi mamá y mi hermano me mandaban besos y que estaban bien. Apenas los escuchaba y no hablaba nada. Creo que estaba en shock, pero sí recuerdo que cuando comencé a hablar, solo preguntaba por Miguelito y Marisol; solo por ellos. Absolutamente todos me daban la misma respuesta: -Están bien, te mandan besos y están en casa esperándote, pero primero tienes que recuperarte de la operación de tu piernita, que va a llevar un buen tiempo, porque te lastimaste-. Mi preocupación eran mis hermanitos pequeños.

Al día siguiente llovía muchísimo, lo veía a través de la ventana de la sala, me habían pasado a sala número dos, sola. De repente, sentí un gran movimiento de personas. Habían camarógrafos, periodistas, gente que yo reconocía de la televisión y en los noticieros informativos. Todos entraron como una tromba a mi sala y me fotografiaron. Los médicos gritaron, echándolos a todos y al instante apareció por primera vez, después de muchos días, mi padre, con más gente que yo no conocía. Llegó muy tenso, con los ojos muy rojos. Se me acercó y me dio un beso en la mejilla, luego se largó a llorar mucho y yo también.

Lo único que hice fue preguntar por Miguelito y Marisol. Recuerdo la respuesta, como si fuera hoy: -Bien, están en casa esperándote, y te mandan esto- entregándome un paquete con un osito de peluche blanco.

Entonces, pregunté por Carlitos. -Está abajo, -me respondió-, en la cafetería, comiendo panchos y tomando Coca cola. No lo dejan pasar porque es menor-.

Esto último era la única verdad de todo lo que estaba ocurriendo.

Mi mente de 8 años no me daba para razonar la magnitud de la situación, aunque sí me acuerdo, de todo lo que suponía, imaginaba y creía; sin animarme a preguntarle a nadie. Supongo que siempre supe todo desde el principio, pero prefería creer las mentiras que me decían, porque sonaban mejor.

Tiempo después, cuando me pusieron al tanto de la nueva situación de mi vida, supe que fue por recomendación médica que me ocultaron todo. En ese momento, yo atravesaba un fuerte shock emocional, el cual había que ir tratando, poco a poco.

Así me fui adaptando día a día a vivir esos dos largos meses en el hospital. Mucho tiempo inmóvil y luego pasé a una silla de ruedas, lo que me permitió movilizarme dentro de aquel lugar, hasta que al final pude ponerme en pie, con la ayuda del traumatólogo y un bastón, y así seguir el proceso. Al darme el alta, continué en un largo proceso de recuperación, muy difícil al principio, pero que termine aceptando, ya que otra, no había.

Al principio, los días de encierro eran largos, feos, tristes y dolorosos, pero poco a poco fue llegando el alivio.

Se manejaba la posibilidad de que me quedara algún problema al caminar y lo escuché, sin que nadie lo notara. Como tantas cosas que oía sobre mi salud física y mental y esto, quedaba grabado en mi cabeza. Decían que probablemente en el futuro "no pudiera tener hijos" a causa de las graves heridas sufridas aquella noche.

Los médicos y familiares hablaban siempre en voz baja y en clave, a los pies de mi cama, con la convicción de que yo no escuchaba. Yo mantenía mucho tiempo los ojos cerrados, haciéndoles creer que dormía, y en realidad estaba al tanto de todo... o casi todo.

Mi cama estaba llena, repleta de regalos, juguetes, muñecas, juegos de caja, que me obsequiaban todos, quienes iban a visitarme por las tardes. Pero la mayoría de los regalos, venían de parte de "Miguelito y Marisol", porque eran las únicas dos personitas, por las que yo preguntaba. Por los demás, no.

Hasta que unos días antes de recibir el alta, mantuve una charla muy larga con Dinorah, una amiga muy querida por nuestra familia. Dinorah era la esposa de Walter, y eran vecinos nuestros. Ellos no podían tener hijos y nosotros en aquellos años llenábamos de risas y juegos su vida. Nos tenían adoptados, casi como propios. En esa charla, -jamás olvidare el relato de ella- con sus ojitos dulces, llenos de vida, pero tan tristes ese día, me tomó de las manos y empezó a hablarme de la familia. Me habló del abuelo Pedro, de mis papas. Me dijo que prontito estaría en casa, que todo estaría bien, que me recibirían con alegría, y que mis hermanitos desde el cielo, estarían cuidándome siempre. Y más ahora que eran dos Angelitos...

Lloré, lloré y lloramos mucho las dos juntitas. Sin emitir comentario alguno, supe por fin, que ellos ya no vivían, porque esa noche se habían ahogado, como presentí desde el principio. Pero mi mente lo negaba.

La hospitalización fue muy larga y dolorosa al principio, pero finalmente terminé acostumbrándome a vivir entre extraños. Eran muy pocos los conocidos que venían. Me habían puesto dos cuidadoras permanentes, porque las noches eran terribles, no podía dormir, tenía pesadillas permanentes. Al principio se arreglaban para cuidarme, pero después se hizo difícil, ya que el tratamiento iba para largo.

Durante bastante tiempo estuve inmóvil, sin poder hacer nada y con un arco encima de mis piernas. Venían médicos y traumatólogos todo el tiempo y les costaba muchísimo trasladarme a traumatología, para hacerme RX, para ver como evolucionaba la fractura. Tiempo después me consiguieron una silla de ruedas y me sacaban a recorrer el piso y a conocer otros internados. La mayoría eran niños, como para hacerme ver que no solo a mí me pasaban cosas terribles.

Los médicos, enfermeras y especialistas pasaron a ser las únicas caras visibles en todo ese tiempo. Recuerdo el trato increíble que recibí de cada uno de ellos. Siguiendo con mi recuperación, una mañana me vinieron a buscar para llevarme a Traumatología donde me veía el médico tratante. Él me ayudó de a poquito, a pararme y fue todo un logro, una fiesta para todos. No tanto para mí, porque creo nunca entendí con mi poca edad la magnitud de las heridas sufridas. Pero recuerdo que el doctor, la enfermera y mi mamá que ese día estaba conmigo, lloraron de la emoción.

A pasito lento, día a día, me hacían caminar. Primero agarrada entre dos personas, y luego con la ayuda de un bastón, que fue mi compañía, durante muchísimo tiempo, aun en mi casa, cuando ya estaba de alta.

REFLEXIÓN:

MUERTE

La muerte es una parte de la vida, de la que tenemos que comenzar a tomar conciencia, aun sin comprender su existencia, en nuestros primeros años de vida.

Justo ahí, es donde algún pajarito desvanecido y en fase terminal, nos alerta de cómo funciona, cuando aparece.

Entenderla a tan temprana edad es complejo, casi tan difícil de comprender, que procuramos olvidar de qué se trata.

Imaginar que se tenga que entender, de una manera tan abrupta y cruel, no es más, que una forma inhumana de aprender de golpe y con golpes su tajante presencia.

Los llevo por siempre en mi alma... Teresita

CAPÍTULO VI
LA CULPA ES DE UN INOCENTE

Mientras estaba internada, un día me dijeron que debía estar contenta porque iba a venir mi mamá a visitarme. Supongo que fue así, no lo recuerdo.

Cuando ella llegó, acompañada de la abuela y tío Hugo, me abrazo tanto, tanto, y lloramos mucho. Me dijo que me quería mucho, que estaba preciosa, que me faltaba poquito para empezar a caminar y muchas cosas lindas más. Mi abuela y mi tío, salieron de la habitación para dejarnos a solas, ya que teníamos mucho que hablar, ya que teníamos mucho tiempo sin vernos, ya que mi hermano y ella, también, habían estado internados, pero en otro lugar.

Por suerte, estaban ilesos, pero ella supuestamente, no había podido venir a verme, porque estaba cuidando a mis hermanitos. Esa era la versión que me daban. La realidad era que yo no tenía idea de lo que ocurría afuera, por lo que no estaba al tanto, de que nuestro accidente se había convertido en el acontecimiento policial más importante, durante todo el período que duró mi hospitalización. Ahí fue cuando comencé a entender, porque no venían a verme casi nunca mi padre, mi madre y mi hermano Carlos. Estaban todos siendo investigados, indagados e incluso detenidos, para llevar a cabo las averiguaciones correspondientes.

Hasta ese momento, la única que se había salvado de pasar por todo eso era yo, aunque, una vez fuera del hospital, finalmente terminé recorriendo juzgados como ollos.

Al quedar a solas, mi Madre, siempre acariciándome el pelo largo y rubio, empezó a contarme una historia y una gran mentira. Yo sabía que eso que me contaba, no era la verdad, de lo que aquella noche de marzo había ocurrido. Pero si lo decía mamá, así era, y lo que ella decía, se hacía. Así nos criaron y eso no se discutía jamás.

Empezó a rememorar aquel sábado 31 de marzo, tal cual había sucedido. Nos duchamos, nos vestimos y salimos juntos a dar una vuelta, íbamos a pasear con mamá, porque mi padre no estaba y era una noche hermosa y llena de estrellas.

Ella me dijo, que si al salir del hospital, alguien me preguntaba qué había pasado, yo debía contar "LA VERDAD". Que Pablo Jara, nuestro peón de la quinta, nos había empujado a todos al pozo. Yo la miraba aterrada de miedo, todos le teníamos miedo, porque si no obedecíamos, siempre recibíamos una gran paliza, con el cinto o la chancleta. A mamá se le hacía caso siempre, fuera lo que fuera.

Pablo Jara no hizo eso. Ni siquiera había ido por mi casa, ni lo habíamos visto en todo el día. Dios mío, ¿Por qué culparlo a él?

-Porque nosotros hacíamos lo que mamá mandaba. Simplemente.

Así se fue ese día mi madre del hospital, serena, tranquila y feliz, por ver a su hija y al fin el caso, se cerraría de una vez. En ese momento, aún faltaba mi testimonio, para condenar a un inocente, de la forma más cruel que jamás haya imaginado. Esto no lo olvidaré, por el resto de mis días.

Pablo Jara, el supuesto culpable, era uno de los peones de la quinta, trabajaba al mando de mi padre. Era muy querido por todos, y motivo de chistes, risa y burlas de sus compañeros porque hablaba a media lengua. Era de condición muy humilde. Vivía con su madre en una casilla de lata cerca de la quinta.

Tenía unos 30 años aproximadamente. Lo veíamos a diario como a todos, y compartíamos charlas y juegos, cuando terminaba su trabajo y se iba a su casa. Nunca entenderé porque mi mamá lo eligió a él para acusarlo. Supongo que por su condición humilde, sana, pero totalmente indefenso.

Si bien al principio, obviamente negó ser el autor, con el correr de los días, fueron tantas las torturas que recibió, incluso con una "picana" hasta que confesó, lo que todos querían oír y así fue condenado a prisión por 30 años.

La mentira había resultado tan convincente para la policía y todo el mundo que a nadie le sorprendió que una persona "medio rara" como él, hubiese tenido un ataque de furia e hiciera algo así.

REFLEXIÓN:

Culpa

La existencia de la culpa, tergiversa los sentidos, mezcla emociones, fracasos disfrazados, y cuentas pendientes, que nos atan a un sentimiento que nos consume.

La culpa en sus diferentes facetas, es un peso enorme de cargar, y más cuando se es partícipe de una trampa.

Nunca será un sentimiento sano a ninguna edad. .

CAPÍTULO VII
DE VUELTA A CASA: ¿SUEÑO O PESADILLA?

La vuelta a mi casa fue mucho más traumática de lo que se esperaba, ya que todo había cambiado. Las personas que ya no estaban y algo mucho peor, después de tres meses volver a vivir con mi mamá y sin poder decir nada.

Mi madre, al salvarse tramó lo que diríamos a la policía después, y me lo comunicó al salir de mi internación. Todos me habían mantenido alejada de esa situación, hasta que saliera.

Al volver a mi casa, supe que el abuelo no vivía más allí, se lo había llevado mi tío malo a su casa. Además, la casa lucía diferente, todo había cambiado.

La cama de mi hermano Miguelito, ya no estaba en nuestro cuarto, y la camita de Marisol que estaba en el dormitorio de mis padres, había sido sustituida, nada menos que por la mía. Por lo tanto a partir de esa noche, pasé a dormir en el cuarto de mis padres, ya que como era chica aún y eran demasiados los cambios, ya lo habían decidido.

Yo dependía absolutamente de mi madre y mi padre para todo, ya que no podía valerme por mí misma. Eso fue por bastante tiempo, hasta que pude volver a caminar.

A la vista de todos, volvimos a ser una familia y de a poco, todo fue volviendo a la rutina y casi a la normalidad.

Todo transcurría normal, hasta que llegaba la noche, y me llevaban nuevamente al cuarto a descansar, junto a "Ella". Ahí comenzaban nuevamente mis pesadillas, insomnio, llantos, gritos de terror y de todo. Pero no me animaba a decir que era porque tenía miedo, que ella intentara nuevamente, matarme... sí. Ella podía intentarlo nuevamente, y yo estaba a su lado sin poder hacer nada.

Así pasaban los días. Hasta que una mañana estaba sentada en el comedor, y ella se me acercó. En ese momento, sentí que perdía el conocimiento y caí desvanecida. Nunca olvidaré sus gritos, nuevamente pidiendo ayuda. -¡Auxilio, por favor, se me muere Teresita!- yo la oía, la oía clarito, pero no podía moverme, ni abrir los ojos. Hasta que llegaban los peones de la quinta, que la escuchaban, y después, mi padre. Me levantaban, me reanimaban, venía el médico, me estabilizaban y todo pasaba... era solo un susto.

A partir de ese momento, esos episodios se repitieron con mucha frecuencia. Ella se me acercaba y yo caía desmayada, y así sucesivamente. Muchos años después, en terapia, mi psicóloga, Mónica, a quien le debo todo y tanto, me explicó que esos desmayos, eran un mecanismo de defensa que mi mente utilizaba frente al pánico que me daba su presencia. ¡Qué increíble! Si yo me desmayaba, ella pedía ayuda y venía más gente, entonces, yo no me sentía sola con "ella". El poder de la mente es algo único.

REFLEXIÓN:

AMOR Y MIEDO

Los sentimientos van de la mano, algunos juntos, otros separados.

El amor indica acercamiento, caricias, ayuda, confianza, entrega, dar, entender, brindar, cuidar, sanar y sobre todo, proteger.

El miedo, congela el alma de quien lo siente.

Cuando ese miedo, es hacia quien debería ser la persona que más te ama en el mundo, sobrepasa los límites del dolor y el amor jamás podrá protegerlo.

Hija del dolor

CAPÍTULO VIII
¡ADIÓS, MAMÁ!

Una mañana, mi mamá me había duchado y me preparó para nuestra visita al traumatólogo. Me dejó sentada en su cama y fue a duchar a mi hermano. Él, ese día se había levantado rebelde con ella, estaba enojado y le contestaba mal por todo. Yo los escuchaba cómo peleaban en el baño porque, él le contestaba.

Cuando vinieron al cuarto donde yo esperaba, ella venía llorando, murmurando, triste y agarró la cara de mi hermano, para peinarlo y él no quería mirarla a los ojos. Entonces, enojada, muy enojada nos dijo a los dos:

-Yo no puedo soportar más esto, si ustedes siguen así portándose mal, yo voy a llamar a la policía y le voy a decir, que quien hizo todo aquella noche, fui YO, así me llevan presa y nunca más me van a ver.

A lo que mi hermano respondió: -¡Y sí, fuiste vos y le echaste la culpa a Pablo!

Mi Madre le dio un terrible cachetazo y nos largamos a llorar a gritos ella, mi hermano, yo. En ese momento, mi padre abrió la puerta enceguecido porque había escuchado absolutamente todo. La tomó del cuello y le dio contra la pared diciéndole:

-¿Qué hiciste, mujer, qué hiciste?

Todo pasó muy rápido. Al poco rato mi casa estaba llena de patrulleros, vecinos, todo el mundo llegó y a nosotros cuatro nos llevaron en distintos vehiculos, al juzgado nuevamente.

Recuerdo que al bajarme de la camioneta policial, tuvieron que agarrarme en brazos porque había olvidado mi bastón y sola no podía caminar. Yo estaba aterrada, no sabía bien qué nos harían o preguntarían allá adentro. Nos separaron con mi hermano y cada uno fue a una oficina distinta del juzgado. Me sentaron en un gran sillón de cuero marrón oscuro, y salieron dejándome, solita y ahogada en llanto del miedo que sentía. Al rato entró el Juez, el escribiente y un abogado. Yo temblaba.

Me hablaron durante un rato y yo no dejaba de llorar, estaba aterrada. Me hicieron preguntas sobre lo que había pasado un rato antes en mi casa, y con mucha vergüenza les fui narrando lo sucedido. El juez me preguntó si quería sentarme en su falda, supongo que estaba conmovido por la situación de verme tan chiquita y sola, y le dije que sí. Vino hasta el sillón y me tomó en sus brazos. Se sentó en su escritorio conmigo y me dijo: -Teresita, es la última vez que tendrás que venir a un sitio tan feo como este, si tú nos dices toda la verdad, de lo que pasó aquella noche, el 31 de marzo, ya no te traeremos más acá.

Yo pregunte:

-¿Cuál verdad?-

La respuesta fue:

-La verdad que tú sabes desde el principio y no te animaste a contarnos, porque, ¿Pablo no fue quien los empujó verdad?

Recuerdo decirle que tenía miedo de contar qué había pasado, por miedo a que mi mamá me pegara, a lo que él inmediatamente agregó:

-Tú mamá antes de que yo entrara acá, me dijo que tú debías contar todo, como sucedió, porque ella también lo hizo y no les va a pasar nada a ninguno de los dos, así que vamos a hablar tranquilos.

Cada uno por su lado, estuvo declarando durante todo el día y cuando volvimos a mi casa ya era de noche. Pero esta vez volvimos solo tres, mi padre, mi hermano y yo. Mi madre ya no regresó. A partir de ese día, fue remitida a la Cárcel de Canelones. Primero, estuvo ahí un tiempo corto, y luego de realizarle pericias psiquiátricas, pasó a cumplir su condena en el Hospital Vilardebo, lugar donde se internan las personas con deficiencias mentales.

Luego de haber cerrado definitivamente el caso policial, yo me enfermé de paperas y estuve en cama varios días, pero no en mi casa. Me llevaron Walter y Dinorah a la suya para atenderme como una princesa. Me cuidaron y mimaron todo el tiempo, ya que me tenía que adaptar a la nueva vida sola con mi padre y hermano, hasta que nos mudamos de allí.

Estando mejor de las paperas, una tarde soleada, fuimos con Dinorah al almacén de Maccio, un mayorista que había justo en el Empalme de Rutas 101 y 102, donde hacíamos las compras para el hogar. Dinorah me había envuelto en una bufanda enorme y blanca, para proteger mi cuello, porque aún estaba conveleciente.

Veníamos llegando a su casa, que estaba justo sobre la ruta 101 y había una parada de autobuses. Allí había una persona. Mi corazón empezó a latir con fuerza, las piernas se me aflojaron y me quede inmóvil, agarrada de la mano de Dinorah. Sin poder caminar, al ver que esa persona se nos acercaba cada vez más. Dinorah me abrazo y me dijo que me quedara tranquila, que nada me iba a pasar, que ella estaba conmigo. Yo lloraba muerta de miedo, porque esa persona era nada menos que Pablo Jara. El hombre a quien yo misma había acusado sabiendo perfectamente que no era culpable.

Se acercó y se arrodillo frente a mí diciendo "gracias, gracias, gracias, gracias Teresita, gracias, gracias, gracias". Nunca más me voy a olvidar ese instante. Lloramos los tres, Dinorah, él y yo. No me salió una sola palabra, del terror que tenía. Habló algo en clave con Dinorah, que no escuché, porque ella me retiró un poquito. Supongo que le habrá dicho que estaba muerta de miedo, y que yo era tan víctima como él, o algo así, porque me dio un beso y un abrazo llorando y se fue, al igual que nosotras.

No volví a verlo nunca más, hasta muchos años después supe que había fallecido en un incendio trágico, en la casilla donde vivía. Un final muy triste, que él no merecía, después de todo lo que había ya pasado injustamente, por nuestra culpa.

REFLEXIÓN:

VACÍO

El vacío genera ausencia, resentimiento, falta de tanto y de todo.

A veces es incierto, porque no hay claridad de lo que realmente nos falta.

Puede ser hasta la ausencia del miedo, que podemos llegar a necesitar, ya que nos acostumbramos a sentirlo.

También las caricias imaginarias que jamás llegaron, o que estaban allí, encubiertas con fragmentos cotidianos.

Titulares de prensa, Uruguay, 1973

CAPÍTULO IX
ENTRE MUDANZAS Y ENSEÑANZAS

Mi vida escolar la comencé en el Colegio Secco Illa, en marzo de 1970 con 5 años. Algo que siempre, siempre quedó grabado en mi memoria fue una reunión que tuvieron la maestra de preparatorio, el Padre Luis y mi mamá, donde le dijeron que ese mismo día me ingresarían al primer año de escuela porque ¨era una niña muy adelantada" para la edad que tenía. De ahí que cuando tuvimos el accidente yo tenía 8 años y estaba cursando cuarto grado.

Era muy muy aplicada aunque bastante tímida, pero los años en Secco, los hice sin ningún problema. Recuerdo a mis maestras, Zulma y Nancy, pero no recuerdo el grado en que las tuve.

En esa escuela estuve hasta finalizar cuarto año en 1973, y ahí nos mudamos unos meses a Punta de Rieles, a la casa de la madrina de mi hermano, que nos acogió un tiempo hasta que nos mudamos a Florida, un pueblito llamado San Gabriel, en ruta 6, a una Estancia que se llamaba San Alberto.

Mi padre cultivaba la tierra allí y mi hermano y yo hacíamos caminando 8 km diarios para ir a la única escuelita rural que allí había. Fue una muy dura etapa de cambios. Muchísima nostalgia, tristeza, demasiado drástico el cambio, extrañaba todo, absolutamente todo. Recuerdo que caí en una gran depresión, a pesar de lo chica que era. Lloraba día y noche, incluso llegué a hacerme pis encima varias veces y nadie encontraba explicación. Me daban palizas para que dejara de hacerlo y creo que de tanto miedo opté por dejarlo. No recuerdo cuánto tiempo fue eso.

Mi padre no solo había alejado a mi mamá de su familia, sino que él tampoco se llevaba con su único hermano y su familia, mi tío Nene, a quien hasta ese entonces solo vi unas cuantas veces, a raíz del accidente. Luego, nos fuimos a Florida y volvimos a perder contacto.

El motivo por el cual no se llevaban, lo supe, pero a fines del año 1974, cuando yo estaba terminando quinto año en esa escuelita rural y mi hermano sexto grado. Mi padre, luego de varias charlas con su hermano y señora, charlas en las cuales nunca participamos, nos anunció que nuevamente nos mudábamos a Montevideo, a Punta de Rieles, pero esta vez a la casa de mis tíos paternos.

Y así lo hicimos a fines de ese año. Por lo cual al año siguiente, en1975, yo terminé sexto año en la Escuelita Publica de Punta de Rieles, obteniendo lo más adorado y preciado para mí en ese momento, que era llegar a ser abanderada del pabellón Nacional, lugar reservado para los mejores. Así, pase a primer año de liceo, con la calificación más alta.

REFLEXIÓN:

LOGROS

Una meta, un reconocimiento, un aplauso,

una palabra de apoyo, un peldaño más, es un logro.

Más allá de las incertidumbres, son esas pelusitas dulces

que encontramos en el camino.

Un logro, siempre es un paso adelante.

Hija del dolor

CAPÍTULO X
LA CASA DE LOS VERDUGOS

Jamás creí ni me atrevería a pensar siquiera, que esos años, que me esperaban en esa casa llegarían a marcar tanto mi vida. Hasta hoy, de solo recordarlo me duele el cuerpo, el estómago, se me nublan los ojos de lágrimas y me invade el más profundo sentimiento de ODIO, RENCOR, ASCO Y RABIA.

Fueron los peores cuatro años en la vida de una niña de apenas 10 años. Por suerte, solo soportamos mi hermano y yo ese calvario cuatro años y medio, ya que en abril de 1979, por razones laborales de mi padre, nos mudamos a Santa Lucia, departamento de Canelones, donde fue mi siguiente destino, viviendo allí definitivamente hasta abril del 2011. En ese lugar viví durante 32 años consecutivos, después de andar deambulando de un lado a otro, por tanto tiempo. Colonia Nicolich, Punta de Rieles, Florida, Santa Lucía y 32 años después, Montevideo.

Mi tío Nene era el hermano mayor de mi padre, le llevaba 20 años. Estaba casado y tenía dos hijas, es decir, mis únicas dos primas paternas, con el mismo apellido. Un hombre hosco, duro, de mirada tiesa, agresivo en su hablar y su accionar.

Todo esto no alcanza para describir ni la sombra de lo que era su esposa, la tía Chocha, un ser despreciable, mala, soberbia, dura por dentro y por fuera. En esos cuatro años que tuvimos que vivir allí, éramos los sirvientes de la familia, ellos dos y sus hijas. Con ellos conocí la violencia física, que jamás hubiera creído que pudiera existir. Me duele el cuerpo y la sangre de solo recordarlo. Nos obligaban a trabajar la tierra, ordeñar vacas, repartir la leche, limpiar, hacer mandados. Los pocos almacenes que había, quedaba en Camino Maldonado, a una distancia muy larga para dos criaturas a pie, ir y volver cargados de bolsos.

A diario, recibíamos los dos unas terribles palizas por absolutamente todo. La mayoría de las veces ni recuerdo los motivos. Supongo que por tener sueño y no oír sus gritos desde el cuarto a las seis de la mañana, llamándome para que me levantara, mientras ellos dos y sus hijas seguían descansando.

Mi hermano y yo supimos lo que era pasar verdaderamente HAMBRE. Todo ese tiempo, vivimos con dos seres de piedra, de hierro y unidos perfectamente para esclavizar a las dos criaturas que éramos.

Cada día, nos levantaba, preparábamos la mesa para todos en el desayuno. Poco a poco se iba despertando la familia. La cocina tenía una mesa grande, era una cocina amplia. En una punta había un mantel de cuadros, con platillos llenos de tortas caseras, pan fresco, dulces, quesos y salamines caseros, que se hacían para consumo familiar. Además, leche tibia, frutas y otras cosas. En la otra punta de la mesa, sin mantel ni nada, apenas dos tazas esmaltadas con leche fría, o a veces en invierno, apenas un poco tibia, sin café, sin cocoa, sin azúcar y dos rodajas de pan.

Leche fría en taza esmaltada y pan, fue nuestro desayuno durante todo ese tiempo. Mientras mirábamos desesperados por un pedacito, una migaja, un algo de todo aquello tan rico, que compartían ellos, juntos en familia. Sin siquiera mirar hacia la otra punta de la mesa, donde estábamos sentaditos los dos, muertos de miedo, cansancio y hambre, mucha hambre. Ojalá Dios haya podido perdonarlos, ojalá, porque YO NO.

Cuando me " portaba mal" además de la diaria o a veces repetida paliza, venía el peor castigo. Ese día no iba al liceo, en penitencia, perdiendo ahí la única posibilidad de salir al menos, por unas horas de ese calvario, sin fin.

61

Yo seguía imaginando que todo era un sueño, que eso no era realidad. Por eso, cuando compartíamos charlas con mis amigas del liceo, yo siempre mentía. Les decía que mi tía me quería como una hija y que mi papá era el mejor. Mentía mucho, muchísimo sobre la comida, haciéndoles creer que había saboreado unas deliciosas milanesas con puré y huevo frito; cuando en realidad eso era lo "que había visto de reojo" que comían ellos, mientras mi hermano y yo comíamos un plato de fideos y solo uno, porque no se podía repetir.

Nunca tuve una fiestita de cumpleaños de niña. Tampoco supe por qué, pero lo cierto es que nunca soplé una vela, ni tuve globos ni piñatas. Hasta que fui grande y ahí empecé a organizar mis cumpleaños. Sencillos, obviamente, porque pensaba que "ya mi tiempo había pasado" y me acostumbré a vivir así.

Tampoco tuve vestido, ni regalo ni cumpleaños de 15. Ni se me ocurría pedir y menos preguntar por qué a mí no se me hacía. Para qué, si el motivo era más que obvio. Mentía sobre las fiestas y cumpleaños. Al día siguiente de alguna fecha importante, llegaba a la escuela o liceo con una sonrisa y un montón de mentiras que iba contando de a poco. Yo me hacía muy dentro de mí una película de cómo era mi vida.

Recuerdo contar por ejemplo, de los regalos que tuve, los paseos que hacía en vacaciones, la ropa nueva que me compraban. Todo eso estaba dentro de mi cabeza, pero la realidad era otra. Creo que yo misma buscaba convencerme de que era una niña, adolescente o mujercita normal.

Sigo añorando a mis 51 años el no haber podido seguir tocando el piano como cuando era niña. Ese era otro de mis sueños frustrados, porque dentro de mí, siempre sentí, que de haber tenido el apoyo, compañía y amor de una mamá, muchas de mis metas, se habrían realizado.

También siento que de haber seguido estudiando, hoy sería toda una profesional universitaria, o tal vez no, obviamente. Pero lo cierto es que me hubiese gustado muchísimo crecer, pero mi papa eligió para mí otro camino. El de limpiar y cocinar para él, porque trabajaba todo el día para DARME DE COMER. Esas fueron siempre sus palabras, y no encontró sentido invertir algo de dinero en su hija "no deseada" y que lamentablemente, no tuvo la suerte de que muriera ahogada aquella noche, como tantas veces, él mismo se preguntó por qué no había muerto yo ese día, así se hubiera librado de mí.

Pobre, tener que vivir con esa carga tantos años, - ¿no? Él también, era infeliz.

Por suerte, hay algo que siempre logré mantener, los "sueños". Toda mi vida, absolutamente toda mi vida, viví soñando que yo no era yo. Que era una máscara, una sombra y que yo era lo que quería ser, por dentro. Por eso soñaba y soñaba, mientras que por fuera demostraba siempre que yo era feliz; que vivía rodeada de amor, que tenía una familia normal, que era muy querida, pero sobre todo, siempre soñé con llegar a algún lugar, -¿A dónde? Ni hoy lo sé aún.

Lamentablemente, hay algo que me caracteriza y es que mi vida siempre estuvo marcada por las "pérdidas", y no hablo de lo material, hablo de pérdidas de amor, pérdidas de personas importantes para mí, para mi crecimiento, mi realización; pero también logré cosas, muchas cosas.

Perdí a mis dos hermanitos chiquitos, un bebe a punto de nacer y mucha familia. Aunque hoy no sé los motivos, solo sé que no están en mi diario vivir. Perdí a mi mamá, al abuelo Pedro y al abuelo Ángel, que además era mi padrino, y a quien vi muy pocas veces.

De todas esas pérdidas surge a mis quince años una idea que hoy sigo manteniendo y que logré a medias, a los tumbos. La idea de formar una familia y tener hijos, para darles todo lo que yo jamás había tenido, o me quitaron, o no existió nunca. Tampoco lo sé todavía.

REFLEXIÓN:

EL PERDÓN

El perdón es una acción válida, luego de un proceso de aceptación, que a veces dura mucho tiempo, y otras nunca llega a concretarse. Porque dentro del alma quedan heridas que jamás sanan y nos aferramos a ellas, con el argumento de dejarlas vivas, para no perdonar.

El perdón es la causa y efecto directo de un dolor o una injusticia, considerada, por quien se vio afectado directamente.

El perdón puede derivarse del olvido, aunque jamás se concreta hasta que enfrentamos la razón con el corazón y decidimos aliviar la carga, liberándonos de un peso que nos detiene para ser libres.

Hay perdones que jamás llegan, y los dejamos en un estante del alma, creyendo que algún día se irán.

Hija del dolor

CAPÍTULO XI
ADIÓS, ABUELO

La vida ese tiempo fue muy traumática para mí, si bien la tragedia de 1973 fue muy grave, en mi mente y mi vida, la época entre el año 1975 y 1979, quedó grabada a fuego, porque en esos años tuve que aprender de golpe a vivir sin una familia constituida, como las que yo pensaba, todos tenían.

Habían transcurrido dos años desde que mi mamá ya no estaba con nosotros. Mis hermanitos chiquitos se fueron juntos en un instante y mi abuelo Pedro a quien tanto amaba, se enfermó. De la nada, le dio un ataque de hemiplejia y cayó delante de nuestros ojos y ya no se levantó más.

En muy poquito tiempo, exactamente el 8 de agosto, mi pobrecito abuelo falleció. No olvidaré jamás que yo estaba en clases, y me llamó la Directora a su escritorio y me lo comunicó. Llegué justo a la casa de mis tíos, cuando se lo estaba llevando la carroza fúnebre. Era la primera vez que presenciaba algo así y me encerré en mi cuarto a llorar. Imaginaba si algo así habría sido lo de mis hermanitos, porque yo no supe nunca que ellos ya no estaban, hasta dos meses después, cuando me lo dijeron aquel día en el hospital.

67

Así fue como quedamos en la casa de mis tíos, ellos cuatro, mi hermano y yo. Mi abuelo ya no estaba y a mi padre lo veíamos poco o nada, ya que trabajaba en una empresa de omnibus todo el día, doble turno para poder pagar lo que mis tíos le cobraban por criarnos, educarnos y alimentarnos. Esa era la ayuda que mi padre le pidió a mis tíos, porque solo no podía trabajar todo el día y hacerse cargo de dos hijos aún pequeños. Ese era el precio que le pusieron, todo lo que ganaba lo dejaba en esa casa.

No recuerdo amigos de aquella época porque no los teníamos, solo los compañeros de escuela y luego del liceo. Solo los veíamos en el horario de estudio ya que no contábamos con nada, para poder salir a las actividades, como otros niños.

No sabíamos de cine, paseos, cumpleaños, ni nada. Eso no estaba permitido para mi hermano y para mí, porque teníamos obligaciones que cumplir en la casa donde "se nos educaba y cuidaba".

Mi papá sabía lo que estábamos viviendo. Cuando regresaba tarde en la noche e iba a darnos un beso a los dos, era raro no encontrarnos llorando por alguna paliza, por algún dolor o con algún moretón, como resultado de alguna golpiza, porque algo habíamos hecho mal. Incluso algunas veces lloraba con nosotros y nos explicaba que por ahora, todo debía seguir así porque no tenía otro medio para solucionar nuestra situación, y no podía trabajar menos horas, porque lo que mis tíos le exigían, no le alcanzaba. En fin, creo que terminamos resignándonos los tres.

No olvidaré jamás mientras viva un día que mi hermano, en su tarea de acarrear y ordeñar las vacas a mano, se cayó y gritaba mucho, porque le dolía un brazo y lo tenía muy hinchado, pobre mi hermano, no tendría más de once años. No podía mover su brazo y lloraba mucho. Mis tíos no le creían, entonces para convencerse que hacía teatro para no trabajar, a la hora de la merienda, le ofrecían tortas ricas como le llamábamos nosotros, y el inocente enseguida fue a agarrar un trozo con el brazo sano, y mi tía le retiró de golpe el plato y le dijo:

-Si quieres comer de esto, agárralo con la otra mano y el pobrecito se largó a llorar diciendo,

-No puedo, no puedo tía, ¡me duele!

-Entonces, te quedas sin comer.

Así fue, yo lloraba junto a él, porque lo veía sufrir, se fue a dormir, sin poder comer, hasta que llegó mi padre. Al otro día, tempranito se lo llevó al médico, y a media mañana, volvió mi hermano con el brazo enyesado, porque tenía una fractura enorme. ¿Cómo, cómo, se podía ser tan cruel, con dos criaturas? Especialmente, sabiendo por lo que habíamos pasado, apenas un tiempo antes.

Un día de invierno, mi hermano, cansado de tantos malos tratos y palizas, se escapó de la casa de mis tíos. Lo buscamos como locos por todo el campo, galpones y el arroyo. Mi hermano se había fugado, pero ¿adónde?

69

No había teléfono donde llamar a mi padre, para que viniera. Él seguía manejando el ómnibus, sin saber qué era de nuestras vidas, hasta que se tuvo que llamar a la policía, para denunciar la desaparición de mi hermano. Así fue como lograron dar con él. Pobrecito, mi hermano desesperado, se tomó el 155 de Cutcsa, en Camino Maldonado y llegó a pedirle ayuda nada menos que a mi mamá, al Hospital Vilardebo, donde estaba internada, hacía ya tanto tiempo.

Ella creyó morir de dolor, por no poder dejarlo allí. Llamó a unos viejos amigos de la familia y lo llevaron con ellos, hasta que la policía, lo fue a buscar y lo devolvieron a la casa de mis tíos. No puedo decir lo que fue, no puedo, el castigo físico fue tan fuerte, que hasta mi padre se puso en el medio, para que dejaran de pegarle. Mis tíos contestaron que si eso se volvía a repetir, mi padre debería tomar sus cosas e irse a la calle con nosotros dos. Mi padre nos pidió por favor, que no volviéramos a hacer nada de eso porque por el momento, debíamos seguir allí.

Así continuó nuestra vida, madrugando muy temprano, haciendo las tareas del campo, antes de ir a estudiar, luego regresar a trabajar por la tarde nuevamente, y a la noche tratar de descansar, hasta el otro día, donde todo transcurría exactamente igual.

Esos años tan horrendos, sin dudas dejaron heridas profundas y permanentes en quienes tuvimos la desgracia de atravesarlos. Eran seres despiadados, malos, perversos y sin corazón. ¿Cómo se podía tratar así a dos niños, llevando su misma sangre? Jamás lo podré entender y menos aceptar y perdonar.

Yo era una niña normal, supongo que como todas, con las travesuras típicas de todo chico, mi único defecto era, que mentía o fabulaba, o quizá soñaba con la vida digna, normal de todo niño. Mentía porque sentía vergüenza, de que supieran como era mi diario vivir. Yo quería parecerme a los demás niños, a los del colegio, luego a los del liceo, y mi realidad estaba muy lejos de todo eso.

No tenía mamá, mi papá no estaba nunca, y vivía en una casa donde nos esclavizaban y explotaban como esclavos. Por dentro, sufríamos lo que nadie imagina. Yo lloraba mucho, mucho por todo, por las noches me dormía llorando, porque extrañaba a mi mamá, a pesar del pánico que le tenía. Pero igual lloraba por ella. A mis hermanitos, los extrañaba y me dormía imaginando su muerte. Como yo no había podido hacer nada, como sí hizo mi hermano por mí, que me agarró del pelo, para que saliera a flote aquella noche.

Cuando me rezongaban por algo "malo" que hacía y yo me ponía a llorar, tratando de explicar mis razones, viendo a aquella señora, enorme de cuerpo y con una fuerza impresionante, que se me acercaba, no quedaba parte de mi cuerpo que no destrozara. Era tanto el pánico, que a cada rato caía desmayada al piso. Sentía que me faltaba el aire y el corazón me iba a explotar. Mi cuerpo pequeño ya no podía soportar tantos golpes diarios, entonces, caía desvanecida, con la esperanza que esa señora se apiadara de mí y dejara de castigarme tanto.

Los desmayos se repetían con frecuencia y nadie se explicaba por qué sucedían. Lo cierto era, que me levantaban del piso, me mojaban la cara, me zamarreaban un poco y me tiraban arriba de algo, una silla, un banco o algo y ahí los golpes cesaban. Años más tarde, Mónica mi psicoterapeuta me explicaba, que esas reacciones eran un mecanismo de defensa, creado por mi mente, para que al verme desmayada, se apiadaran de mí. Que tristeza tan grande, ¿Por qué tanta maldad?

Evidentemente, era gente mala y enferma, que canalizaban sus propios problemas en aquellas dos criaturas que por obligación y negocio, habían terminado bajo sus mandos, porque sin duda, éramos un negocio para ellos. Nos hacían trabajar, pasábamos hambre, pero a fin de mes, recibían un dinero de parte de mi padre, que les permitía cubrir todos sus gastos, sin tener que tocar para nada sus bolsillos. Eso lo tengo grabado a fuego en mi pecho, porque más de una vez, sin que ellos se dieran cuenta, los escuché hablar y burlarse de mi padre,

REFLEXIÓN:

ABUSOS

Los hay de todos colores y formas.

Lo diferencia su contenido, su argumento, su capacidad de buscar el beneficio propio y la manipulación, en todo su esplendor.

Diferentes gamas lo contienen: verbales, físicas, emocionales, psicológicas, etc.

Se caracterizan por hacer creer a su víctima que esos hechos suceden por su culpa, que son simplemente un reflejo de su conducta.

Se asemeja mucho a la tortura encubierta, con el fin de extraer lo máximo de respuesta, al punto, de confundir y debilitar en extremo, a su presa.

Hija del dolor

CAPÍTULO XII
SAPOS Y DELFINES

Nuestra niñez en los primeros años era muy sana, muy normal para aquellos tiempos. Jugábamos a las escondidas, a la mancha, a la rayuela, mis hermanos cazaban pajaritos con la honda y por las noches, en verano nos sentábamos en el porche de nuestra casa, pasábamos largas horas junto al abuelo Pedro, y nuestros vecinos. Recuerdo que el porche tenía una luz amarilla para los mosquitos, y pasábamos rato con una escoba, espantando a los sapos, que venían a la vereda en busca de bichitos. Siempre había algún sapo alrededor.

Un buen día, después de mucho tiempo, desde el accidente en el pozo, se me apareció un sapo y tuve la primera crisis de pánico jamás vista. Comencé una larga y penosa lucha interior contra ese animal inofensivo, que se transformó en fobia permanente, aun hoy, no puedo dominar el terror que me causa verlos.

Tal era mi miedo, que cuando veía uno durante el día, aparte de los gritos aterrados, a la noche siempre soñaba con alguno, llegando tener las pesadillas más raras e insólitas. Siendo adulta, pude tratar en terapia esta fobia y mi psicóloga me explicaba que al ser un animal que se mueve más que nada en el agua, mi mente había depositado en él todo el terror y el pánico sufrido aquella noche. Si bien descubrí esa nueva patología en mí, me pasó lo contrario con los delfines. Fui creciendo, admirando y contemplando cada imagen que veía de un delfín. Me quedaba embelesada observándolos, hasta que me brotaban las lágrimas y nunca entendía que significaba eso. Empecé a soñar con algún día, poder tocarlos. Un sueño que nunca abandoné y que por fin a los 50 años de edad, pude hacerlo realidad. Ese día lloré de amor y emoción.

También busqué la respuesta en terapia, y cuando Mónica me preguntó qué veía en ese animal, que me causaba tanta ternura, con un poco de vergüenza, pero segura le respondí, que se me aparece siempre reflejada la carita de mi hermano Miguel, quien se ahogó aquella noche en el pozo. Ella me explicó, que mi mente relaciona a esos dos animales, ambos viven en el agua, uno con el pánico por lo vivido y el otro con el amor y la tristeza por los hermanos que perdí.

Habían pasado seis años después de aquella noche y seguían los cambios. Continuamente había cambios, no sé si peores o más drásticos. Luego de la tragedia, vino la mudanza a otro departamento (estado), después esos años infernales en casa de mis tíos paternos y finalmente, Santa Lucia.

Sentí una soledad muy grande, no conocíamos a nadie, nunca había vivido en un lugar así. Con el tiempo me fui adaptando, continué en el liceo e hice amigas, buenas amigas. aun hoy conservo algunas, pocas pero grandes amigas. Me fueron integrando a sus vidas, conocí a sus familias y me hice querer.

Cuando teníamos algún cumpleaños de quince, alguna madre me conseguía algún vestido, para que pudiera ir, o me reformaba alguno de ellas. Yo no tenía ropa, y no me atrevía a pedirle a mi padre que me comprara, porque él me decía que yo era una carga en su vida, que era un problema para él, que con mi hermano solo, se arreglaba. Pero que su problema era yo.

Guardaba la esperanza de que al irnos de la casa de mis tíos la violencia terminaría, pero me equivoqué y mucho. aun hoy, no sé decir cuál de todas las etapas que viví fue peor.

REFLEXIÓN:

TRAUMAS

Los traumas quedan impresos en la memoria, y en el inconsciente.

Sujetos a un acontecimiento y a un sentimiento que estuvo ligado al límite de la razón, cuando el individuo siente que ha sido superado por el dolor.

Depende de la intensidad y del hecho en sí, los traumas de alguna manera se manifiestan a lo largo de nuestra vida, ya sea con una imagen, que recuerda el o los incidentes que vivimos, o con alguna situación, dispara nuevamente ese momento, donde todo se tornó diferente.

Es como pasar una muralla y poner todas nuestras fuerzas, y al hacerlo nos lastimamos.

Logramos pasar la muralla, pero esas heridas, no se cierran por completo.

CAPÍTULO XIII
MI PADRE

Mi padre llegaba de trabajar y si en mi casa había alguna amiga, y yo no había hecho las cosas en tiempo y forma, él empezaba a gritarme y a golpearme fuertemente, incluso delante de ellas. Más de una vez las echó, prohibiéndolas que vinieran a mi casa. Así fueron dejando algunas de venir, porque le tenían miedo y otras venían solo cuando estaba sola y siempre pendientes a qué hora llegaba él, para ellas, irse antes.

Muchas veces no me dejaba salir. Tal es así, que no tuve mucha posibilidad de salir a bailar y divertirme, como todas las chicas de mi edad, la mayoría de los sábados me dormía llorando, imaginando como todos mis amigos se divertían en el baile del Club. El único lugar que había en esa ciudad, donde se juntaban todos los sábados a bailar. Siento que perdí mucho y mucha vida, pero en aquellos años al menos para mí, era inimaginable pensar en revelarme, o irme de casa. No tenía a nadie donde recurrir, ni refugiarme.

Si bien recuerdo mis primeros años de vida junto a mis padres unidos y una familia normal, a pesar de todo. Nunca imaginaría mi mente pequeña, que vendrían años tan duros y difíciles. Cuando ya mi mamá y mis hermanitos pequeños, no estaban con nosotros. Al principio, la figura de mi padre significaba para mí una imagen protectora, dado que la que tenia de mi mamá era todo lo contrario. Le tenía miedo, pánico, terror, y al quedarnos solos los tres, creí que ya en mi vida había terminado la violencia, pero fue todo lo contrario.

Para mi padre, comenzaría allí un calvario como tantas y tantas veces me lo gritaba en medio de sus golpes. Yo era lo peor que tenía en la vida, lo peor, y sin duda veía en mí el reflejo de mi mamá, cosa que recalcaba continuamente, haciéndome sentir cada momento, que yo era un peso enorme en su vida.

Me comparaba día y noche con mi hermano mayor. Él, era su orgullo, su esperanza, a él lo amaba, a mí me odiaba, y ese sentimiento nunca se pudo transformar en un poco de cariño, al menos.

Me decía que lo que había comenzado mi mamá, (destruir su vida) lo había continuado yo. Me costó años entender aquellas palabras tan duras, hasta que por fin me resigné y me acostumbré a vivir con ellas. Me maldecía cada día. Su mirada dura, fría y llena de odio me aterraba.

Después de muchos años de maltrato y violencia física, vino lo otro, lo atroz, lo repugnante, lo incomprensible, lo inaceptable, lo imperdonable.

Si yo era una carga, si era injusto que aquella noche no hubiera muerto con mis hermanos, -¿No era suficiente para mi mente todo ese dolor?

    -¿Era necesario que viniera más y más y más?

¿Cómo salir de ese entorno? Tantas veces planeé irme de mi casa, tantas, pero siempre el pánico y el miedo, se apoderaban de mí, y seguí sometida a sus golpes, sus insultos, sus agresiones físicas y al ultraje. Años guardando dentro de mí tanto dolor, tanta impotencia, tanta vergüenza.

Hasta que un día dije basta, no puedo más, alguien tiene que saber quién es este hombre que me crió, este señor que se jacta de haber dedicado su vida a sus hijos. Ya era adulta y no estaba dispuesta a que siguiera haciendo de mi vida, el desastre que era.

Así fue como un día me planté delante de él y con todo mi odio, mi rencor y mi miedo aterrador, le dije que lo iba a enfrentar a mi hermano e iba a gritarle todo lo que me había hecho. Así de una vez por todas, sabrían quién era en realidad, mi padre.

Yo estaba absolutamente dispuesta a desenmascararlo, pero para eso, debía haber un testigo. Sin embargo, una vez más, él estaba dispuesto a ganar la batalla y con mentiras, enredos y patrañas, me echó de su vida. Por ese motivo mi hermano, no me volvió a dirigir la palabra. Nunca quiso escucharme, nunca quiso saber la verdad, porque nadie quería hacerlo aunque yo por dentro estuviera casi segura que algo sospechaba, pero optó por lo más fácil, no preguntar para no saber.

Era más fácil escuchar una sola versión, la del padre que no podía con su hija, la mala, la rebelde, la problemática, la que no tenía sentimientos hacia él;

y sí los tenía, claro que sí, eran sentimientos de odio y terror.

Decidí una vez más callar y acatar su orden de no acercarme a él ni a su familia. Mi hermano también tomó distancia de mí, por lo cual yo no tuve otra opción. Varias veces intenté hablarle, pero fue en vano. Poco a poco se fue alejando, hasta que perdimos completamente el contacto Ya nada tenía sentido, si yo hablaba, debían estar los dos.

REFLEXIÓN:

Preguntas sin respuestas.
Cuando se genera una pregunta, por lo general existe una respuesta, no siempre justa o acertada o la esperada. En algunos casos, no aparece ninguna, y nos quedamos con esos

¿Por qué?, necesitados de respuestas que jamás llegan.

Ni siquiera el sentido común puede orientarnos.

Nos quedamos atrapados en la espera de que algún día entendamos esa pregunta que se pierde en el abismo de nuestra alma.

Careciendo de sentido, tratamos de camuflar su contenido y a de poco, con el tiempo, dejamos en un estante, su contenido, con la esperanza de que algún día, todo tenga sentido.

CAPÍTULO XIV
MEMORIAS DEL HORROR

Me tiembla el cuerpo, me duele el alma, se me nublan los ojos de dolor, de rabia, de angustia, de impotencia. Siento tanta tristeza por no poder sentir amor por mi padre, pero no puedo. Dios sabe que lo intenté, pero no pude perdonarlo, ni respetarlo, menos aceptarlo y quererlo. Estaba tan acostumbrada a su maltrato físico y verbal, que creí que ya nada peor me podría pasar a su lado, pero estaba equivocada, muy equivocada.

Una vez, llegó de trabajar, de mal humor como cada día, yo tenía 14 años, y había preparado almuerzo, como siempre. Estaban dos amigas y le molestó su presencia. Empezó nuevamente con sus gritos desenfrenados, insultos, agravios, y ellas huyeron aterradas, diciéndome que otro día comeríamos juntas, cuando él no estuviera.

Como la casa estaba desordenada porque yo había perdido el tiempo con mis amigas, empezó a tirar la ropa por todos lados, a dar puñetazos en la pared, a insultarme como siempre. Yo empecé a llorar fuerte porque sabía que vendrían los golpes. Había cocinado carne y fideos con manteca, pero eso no era lo que él deseaba comer, por lo que tomó la fuente, con todas sus fuerzas y la tiró al patio. Yo estaba aterrada, si bien estaba acostumbrada, ese día era peor, estaba enceguecido, me tomó del pelo, me tiró al piso y comenzó a darme patadas y puñetazos en medio de sus barbaridades verbales.

Ahí quedé, tirada, adolorida, muerta de miedo y llorando desconsoladamente. Yo no tenía a quién pedir ayuda, no tenía familia cerca y salvo mis pocas amigas del liceo, que iban a mi casa, nadie estaba al tanto de la violencia que allí se vivía. Nadie, incluso porque yo misma lo ocultaba, yo necesitaba que todos creyeran que éramos una familia normal.

Al poco rato salió, de su cuarto, yo temblaba de miedo a que me golpeara nuevamente. Me tomó de los brazos, limpió mis lágrimas, sin decirme una sola palabra y me pidió que fuera a recostarme un rato. Por un momento sentí alivio al creer que se había apiadado de mí. Me acosté y tapé mi cabeza con la almohada para que no me oyera llorar y se enfureciera nuevamente.

Hasta que entró y se sentó junto a mí, y comenzó a hablarme más tranquilo, diciendo que él no buscaba pegarme, pero que yo sí lo buscaba. Agregaba que él venía cansado de trabajar 12 o 14 horas por día, para poder mantenerme y yo nunca estaba en la casa, o no había hecho mis tareas. Me decía que yo vivía en la calle con mis amigas, etc.

Yo lo miraba y no podía contestar nada. Quizás creía que en el fondo tenía razón y que yo no era buena persona o buena hija. Él era el único que trabajaba, y yo solo le traía problemas y disgustos.

Me empezó a decir que debía colaborar más y ser más aplicada en todo, como él quería que fuera. Me abrazó fuerte y comenzó a acariciarme, el pelo, la espalda, mi cara, mirándome fijamente. Yo comencé a sentir miedo nuevamente, no era una actitud normal en él hacia mí. Temblaba por dentro y desviaba mi mirada, algo no estaba bien.

Le pedí que me soltara, quise zafar de su abrazo, de sus besos "raros", pero no pude. Me tomó aún con más fuerza, empecé a llorar a los gritos, y tapó mi boca con sus manos gigantes. Forcejeamos, hasta que no tenía ya como defenderme, y me quede tiesa, inmóvil, y que pasara lo que fuera, yo ya no podía hacer nada, y así fue. Solo recuerdo el asco, el odio, la repugnancia, el terror.

Nunca más me habló del tema, nunca se arrepintió de destrozarme tanto, nunca me permitió preguntarle por qué me mataba en vida si yo no hacía nada. Se fue a dormir, yo quedé muerta de miedo, no me salía la voz, mi garganta se me cerró completamente, y no terminé ese día de entender realmente, que fue lo que pasó. Pero sí recuerdo, que ese fue el primer día que además del miedo, que siempre le tuve, comencé a sentir un asco impresionante y el deseo de que se muriera. Yo ya no tenía más nada que hacer. Ya había perdido todo, absolutamente todo y no tenía a nadie a quién contárselo, no había nadie que pudiera defenderme.

Se levantó en la noche a cenar, como si nada hubiera pasado, callado. Ni me miraba. Yo había limpiado absolutamente toda la casa y el patio. Rogaba a Dios que se durmiera la vida entera, porque me aterraba la idea de que se levantara y tuviéramos un nuevo acercamiento.

Yo no sé cómo pude resistir tanta barbaridad, me lo he preguntado muchas veces, y la respuesta no llega, tal vez, no la encuentre nunca.

Hechos y situaciones como estas, se repitieron algunas veces más. Si bien con los días yo lograba disimular que estaba olvidado, mi miedo incrementaba, cada vez que él llegaba a casa, después de trabajar. Tener una noche tranquila o de terror, dependía de su estado de ánimo.

A los 16 años, tuve mi primera relación de noviazgo, y si bien no cesaron los golpes, fueron más esporádicos los episodios de ultraje.

Años más tarde, muchísimos años después, cuando quise desenmascararlo y él se dio cuenta, me sacó de su vida y me separó de mi hermano, violando mi derecho a contar la verdad, para que por fin, se entendiera el porqué de mi odio, mi rencor, mi pánico.

Así fue que un día, antes que mi padre muriera, recibí un llamado de un allegado para informármelo. Incluso me llegó a decir que en sus últimas horas, me había confundido con una enfermera. Ese hecho quedará grabado en mi mente, para siempre, porque sentí pena, mucha pena por mí, no por él. Yo seguía mi vida absolutamente sola, sin familia, y él, se llevaba su secreto y su remordimiento, sin dejarme la posibilidad de gritarle con todas mis fuerzas, el calvario que había pasado, durante tantos años. De nada me servía hablarlo ahora, cuando él ya no estaba, para defenderse.

El día que murió, me encerré sola; lloré y grité, hasta sentir alivio por dentro. Pensé que por fin podría seguir adelante, sin miedo. En ese momento, me di cuenta, que las dos personas que habían sembrado el horror dentro de mí, se habían ido para siempre.

REFLEXIÓN:

INOCENCIA ATURDIDA

Cuando se invade al otro en una suerte de infamia desmedida, se origina la invasión brutal del ser. Se desata el crimen de poder, en nombre de una autoridad sin límites, tomando la fuerza como único medio de dominio.

La manipulación a través de la culpa y los engaños, genera debilidad en el otro, y mucho más, cuando se trata de alguien, que tiene en su haber tanto dolor y sufrimiento.

¿Cómo puede un ser, un hombre, un hijo, un ciudadano de este mundo, usar esa cuota de fortaleza, para saciar sus más bajos instintos, con nada menos que un heredero de su propia sangre?

Maltratar su nobleza, su ignorancia, su miedo, por el solo hecho de no poder defenderse. Tomar las riendas y matar la esperanza de creer en la vida, utilizando la fuerza desmedida para satisfacer su pobreza emocional, espiritual, y delirio de grandeza.

Salvarse de esas garras, es una tarea muy difícil para inocentes que solo desean, ser aceptados y amados.

El perdón no aparece en el horizonte, cuando se viven situaciones, donde la integridad física y mental, están en juego. La osadía de seguir adelante se convierte en una batalla sin fin. Despojarse de ese dolor es más duro, que cualquier acto de supervivencia. Es sacar del fondo de sí, la fuerza para reconstruirse y buscar un motivo, tan solo uno, que le ayude a creer en un mañana, con la posibilidad de no morir en el intento.

Cuando es el propio padre quien viola tu derecho a ser niña, tu derecho a ser respetada y tu derecho a ser, entonces la vida se te cae encima, y se torna difícil sacar los escombros, sin perder la nobleza, que aún sigue dormida en tu alma.

CAPÍTULO XV
LA ESPERANZA DE UNA VIDA MEJOR

A los 16 años, conocí a un muchacho, un chico mayor que yo, me llevaba ocho años de diferencia, pero no se notaba. Comenzamos a conocernos y entablamos una relación de novios muy linda. Él era muy respetuoso y tímido. Le encantaba divertirse con mis niñerías, al punto que decía que yo era como una niña grande. Esta característica, que al principio nos unió, me jugó en contra, el resto del tiempo que estuvimos juntos.

Yo le hablaba de mis sueños de casarme, tener hijos. Siempre soñé con tener un hijo, para darle todo lo que a mí me habían quitado.

Al poco tiempo, un día llego a verme, y me encontró ahogada en llanto y llena de marcas, por los golpes que me había dado mi padre. No aguanté más y pese a mi vergüenza, le confesé que esto sucedía desde mucho tiempo atrás. Nos pusimos a llorar los dos, él se sentía impotente, por no poder hacer nada. Desde ahí empezamos a planear el futuro, juntos.

Él me dijo que me iba a sacar de las garras de mi padre y yo le creí viendo la posibilidad de un mañana sin golpes.

Un día llegó a visitarme, justo cuando mi padre me estaba golpeando. Este chico, llorando, le pidió que por favor, no me pegara más. Una escena muy triste y vergonzosa, pero era el momento de que supiera mi realidad. Yo estaba cansada de fingir frente a todo el mundo, que era una chica feliz.

Un buen día, nuestra vida nos dio un vuelco enorme. La inocencia de aquella época, la falta de experiencia de los dos y la falta de información, nos sorprendió. Muerta de nervios, le dije que tenía un retraso en la menstruación y quedó mudo, agarró su moto y se fue sin decir una sola palabra. Yo sentí que me iba a abandonar. Durante dos días no volvió a visitarme. Yo, abrumada con la angustia, pensando en lo que pasaría, cuando mi padre supiera.

En el fondo, de una manera muy extraña, me sentía feliz, con la idea de tener un hijo. Después de todo, era lo que más deseaba, en el mundo.

Fui al médico, le explique mi situación y me hicieron los análisis. El resultado, era positivo. Estaba embarazada.

Mi novio regresó y hablamos de la situación. Muertos de miedo los dos, decidimos hablar con mi padre.

Ese día fue un horror, porque nos golpeó a los dos, insultándonos con las bajezas más grandes que alguien pueda decir. Yo estaba acostumbrada, a escuchar todo aquello, para mí era normal recibir insultos, agresiones verbales y físicas de todo tipo. Mi padre furioso lo agarró a él y le dijo:

-¡Esto me lo tienen que solucionar, ya! Se tienen que casar y que "esta" se vaya de mi casa, porque conmigo, no la quiero más.

Mi novio quedó mudo, tieso e inmerso en sus pensamientos. Se subió a la moto y se fue a hablar con sus padres.

Cuando mi padre y yo, quedamos solos, vino lo peor. No hubo hueso de mi cuerpo, que no moliera a golpes. Sus gritos se oían de todos lados. Decía que yo era una PUTA, y lo peor que le había pasado en su vida. Gritaba que yo era la causante, de todo lo malo que le pasaba, y lamentó una vez más, que no me hubiese ahogado aquella noche, junto a mis hermanos. Insultó a Dios con todas sus fuerzas y me maldijo una y mil veces. Desesperada, le pedía que me soltara, pero era peor. Hasta que finalmente me soltó.

Mi mente adolescente, no me permitía razonar la magnitud del problema. A pesar de todo, yo estaba feliz, porque me iba a casar con el hombre de mi vida y tendríamos un hijo.

En pocos días, mi novio y yo, conseguimos testigos y nos fuimos al Registro Civil. Empecé a sentirlo raro y muy angustiado. Si bien estaba dentro de sus planes, casarnos algún día; el embarazo aceleraba las cosas y todas las ilusiones de un hermoso casamiento, por la iglesia, quedaban en el olvido. La imagen de verme entrar de blanco y de una hermosa fiesta, se redujo a la realidad de una ceremonia sencilla, casi sin invitados y sin nada, con que formar nuestro hogar.

Con el tiempo, pude entenderlo, pero al principio no podía. Yo veía todo más fácil, sencillo y claro. Él veía truncados sus planes de hacer las cosas bien, y yo, veía en él, la única posibilidad de escapar, de las garras de mi padre.

Organizamos en pocos días nuestra nueva vida juntos, en casa de sus padres. Ellos nos dieron un lugar al principio, hasta que termináramos de construir la casita que él tenía, para mudarnos allí, más adelante.

Un día él me planteó, o mejor dicho, me comunicó, algo que ya tenía resuelto. Me dijo que no estábamos aptos para el matrimonio, ni teníamos tiempo suficiente como novios, y mucho menos, como para tener un hijo; por todo lo que implicaba eso, en cuanto a lo económico. Me dijo que un hijo no se debía traer al mundo, sin pensarlo, y mucho menos a pasar malos momentos. Si hacíamos eso, obviamente, se nos complicaría todo para poder terminar nuestra casita. Sin consultarme nada, buscó información con un familiar, del lugar, donde interrumpirían el embarazo. Así que planeó que al día siguiente del casamiento, es decir, el 11 de agosto de 1983, me iba a llevar a Montevideo, para sacarme a mi hijo. ¡Dios mío! Yo lloré, imploré y de rodillas, le pedí que por favor, no lo hiciéramos. Le expliqué que yo quería tener ese hijo, ya que era lo más importante en mi vida. No lo pude hacer entrar en razón.

Me dio un frasco con una medicación, que también le habían recomendado, para que me inyectara, por si "funcionaba" y lo perdía antes; si no, la otra alternativa era casarnos, y continuar con el otro plan. Si de algo podía estar segura, era que por él, ese hijo, no iba a nacer.

Le mentí, obviamente le mentí y dije que síme había puesto la inyección, pero no fue así. No pude, y Dios sabe lo que para mí, significaba tener un hijo. Durante una semana, estuvo a la espera que ocurriera el "milagro", pero era imposible, mi embarazo seguía su curso.

Se acercaba la fecha de la boda, mi vida era un caos; mi cabeza estallaba, en vez de estar feliz, me había sumergido en un estado de angustia deplorable. Entonces, decidí sola trazar un plan, para llevarlo a cabo, al día siguiente del casamiento.

Mi nuevo plan era que al llegar a Montevideo, lo iba a dejar solo, y me iría a la casa de mi abuela Tota, la madre de mi mamá, a quien hacía mucho tiempo no veía. Tenía la seguridad de que me ayudaría, y a mi hijo no me lo quitaría nadie, ni siquiera él, siendo mi esposo. Estaba decidida a salvarme, salvar a mi bebe y no pasar por eso. No lo iba a resistir, y por primera vez en toda mi vida, no iba a permitir que nos hicieran daño, a los dos.

Pero nada de eso sucedió, no fue necesario.

El día antes al casamiento, el miércoles 10 de agosto de 1983, mi padre me dio la última golpiza, me empujó al piso y me dio tantas patadas, tantas, que quede bañada en un charco de sangre hasta que llego mi novio y su madre. Luego, me llevaron en un taxi a la sala de emergencias, donde hicieron la ecografía, que confirmaba la terrible noticia. Ya no había nada que hacer...

Aún siento dentro de mí el llanto desgarrador cuando me dijeron: -Lo perdiste.

Una vez salieron todos, mientras esperaba ser trasladada al área quirúrgica, para el legrado de rigor; apareció mi padre en la habitación y tomándome del cuello me dijo: -Si abrís la boca hija de mil putas, te juro que de acá no salís viva.

Pronto vinieron a buscarme y todo continuó su curso, como si nada. Acostada en esa camilla alcanzaba a percibir la hipocresía en los rostros de mi padre mi novio, quienes con cara de "angustia y dolor" permanecían parados, mirando cómo me llevaban.

Ahí estaba yo otra vez, sin contar para nada, ni para nadie. Solamente yo sé lo que sentí, lo que viví, lo que sufrí y lo que me desgarró por dentro.

REFLEXIÓN

PÉRDIDA

La pérdida como sinónimo de dolor, vacío y duelo.

Pérdida de afectos, de abrazos y de palabras que quieren decir tanto.

Lamentos del alma que caen en un abismo de sentimientos dormidos, quejosos y ansiosos de llegar a su destino.

Hija del dolor

CAPÍTULO XVII
LA VIDA DE CASADA

Estuve casada durante casi 18 años. Luego del trágico comienzo, llegó un poco de calma, y empezamos a vivir juntos, éramos un matrimonio.

Durante cinco años, vivimos en una pieza chiquita, que mis suegros nos habían acondicionado al fondo de su casa. Eso nos daba un poco de intimidad, ya que habían dos hermanos más, viviendo en la otra parte de la casa.

Al poco tiempo, comencé a trabajar en una fábrica de la ciudad, necesitábamos todo el dinero posible para terminar nuestra casa, así que todo lo que ganábamos se destinaba para ese propósito.

Durante muchos años solo trabajábamos, sin permitirnos otra cosa, que no fuera ahorrar. No salíamos a fiestas, bailes, cine, vacaciones o cualquier forma de recreación. Todo, absolutamente todo, quedó en otro plano, al que no podíamos acceder.

Finalmente, después de cinco largos años, logramos mudarnos a nuestro tan ansiado hogar, con la esperanza de comenzar una vida nueva. Sin embargo, se podía sentir el desgaste en la relación. Yo vivía con el deseo constante de sentirme querida por mi esposo, y el cada día perdía un poco más, aquel sentimiento de amor hacia mí, que no terminó de nacer dentro de él.

Al principio, veía por sus ojos, pensando que él era lo único que tenía, si bien no éramos felices, teníamos una meta que cumplir; aunque todo había salido mal desde el principio, nos habíamos tenido que casar y eso debía ser para toda la vida, así que debíamos sacar valor de donde fuera, para sobrellevar la situación, de la mejor forma posible. No era fácil, porque faltaba el ingrediente principal, el amor.

Yo era feliz a ratos, a mi manera, con mi mente joven y mis ilusiones, imaginando siempre una vida feliz a su lado.

Muchas veces lloré e imploré por su amor, yo no tenía a nadie, solo a él, que si bien siempre fue sincero, acerca de sus sentimientos hacia mí, eso no evitaba el dolor de no saberme correspondida. Me consolaba el hecho, de que desde nuestro casamiento, nunca más volví a ser golpeada físicamente. Eso era bastante para mí.

Nuestra casita era hermosa, con un jardín muy grande, que mi esposo cuidaba con mucho esmero. Arreglar sus plantas y cortar el césped, era su pasatiempo favorito. Después de cinco años, a finales del año 1988, habíamos logrado empezar una nueva vida, en una casa equipada con todas las comodidades.

Juntos logramos conseguir suficientes razones que absorbieran nuestras vidas, pero mis sentimientos de soledad, me derrumbaban con mucha frecuencia. Sentía que me faltaba algo, sí, me faltaba alguien.

Yo deseaba con todas mis fuerzas tener un hijo, para volcar mi amor de madre. El amor que sentía por mi esposo no tenía respuesta, y yo sentía que si tenía un hijo le podría dar todo mi amor, y sería reciproco. Cada vez que se tocaba el tema, la respuesta era la misma: "Aún no es el momento para tener un hijo".

Decidí no hablar más acerca de esto con él, mucho menos reclamar mis necesidades insatisfechas ya que no había eco. Yo en el fondo estaba agradecida y me sentía afortunada, porque al menos, él no me golpeaba físicamente, seguíamos juntos y me protegía.

Un día sucedió el milagro, el primero de noviembre de 1988, día de mi cumpleaños número 24, mi esposo me sorprendió al decirme que era el momento de agrandar la familia y tener ese hijo tan ansiado por mí.

REFLEXIÓN

ALEGRÍA

Comienza una dicha interna de nuevos sueños…

La alegría embarga los sentidos dormidos de la espera, envuelve sutilmente la ausencia de risas y se instala en el corazón, colmándolo de esperanza.

Hija del dolor

CAPÍTULO XVIII
ILUSIÓN FATAL

Pasaron tres meses, hasta que al fin tuvimos la maravillosa noticia, íbamos a ser padres, ¡Gracias a Dios!

Los primeros meses transcurrieron en forma natural y normal, disfruté cada día de mi embarazo, preparábamos el cuarto de nuestro bebe, yo me encargaba de su ajuar, todo, absolutamente todo.

En ese tiempo no existían las ecografías en tercera o cuarta dimensión, por lo que hacer algo para saber el sexo de nuestro hijo era muy costoso y no estaba para nada a nuestro alcance. Pero sin saber por qué, algo me decía, que sería mamá de un varón. Intuición femenina, quizás.

En el séptimo mes de embarazo, durante un control de rutina, encontraron los valores de mi presión arterial muy alta, por lo que decidieron, internarme y mantener controlada la situación. Me asusté muchísimo, llore de miedo, temiendo que algo malo sucediera, pero me tranquilizaron diciendo que era algo que sucedía a menudo, que no me preocupara y que solo era para control. 48 horas después me dieron el alta con la presión estabilizada y las recomendaciones necesarias, para que no volviera a subir, cosa que cumplí al pie de la letra, porque lo único importante era mi hijo.

Ya estaba prácticamente en la etapa final y mi panza era tremenda. La lucía orgullosa todo el tiempo, aunque las piernas y manos se me hinchaban demasiado por retención de líquidos, pero a mí no me preocupaba. Me veía hermosa, como nunca.

Al acudir a la siguiente cita de control materno, mi presión estaba altísima y me internaron otra vez, para estabilizarla. Esta segunda vez, me invadió el miedo al pensar que algo malo pudiera sucederle a mi hijo. El doctor insistía en que nada malo podría suceder, porque estaba todo perfectamente controlado, y yo confiaba en lo que me decía.

El primero de noviembre de 1989, era mi cumpleaños número 25. Regresé de la clase de manualidades, que había empezado ese año, donde aprendí a hacer cosas con mis manos, para mi hijo, y luego, como cada mes, me preparé para ir a la consulta de control materno. Al llegar ahí, el doctor me dijo que sería necesario llamar a mi esposo, para que trajera las cosas del bebé, ya que la presión seguía subiendo y para no correr riesgos, habría que hacer una cesárea. Así que de inmediato me internaron, colocaron suero, estabilizaron la presión y me mantuvieron bajo cuidados médicos permanentes.

Así estuvimos tres días, esperando mi evolución. Si algo se complicaba, harían una cesárea, ya que estaba en la semana número 35 de gestación.

A la mañana siguiente, llegó el doctor, para darme nuevamente el alta. Esa decisión no me daba tranquilidad, porque no queríamos irnos de allí sin nuestro hijo nacido. Esta era la tercera vez que me internaban y al llegar a casa, la presión subía nuevamente.

No hubo forma de convencer a los médicos, para que me dejara internada hasta el final del embarazo, cosa que les pareció disparatada, ya que ellos como profesionales, sabían lo que hacían y nosotros debíamos acatar la decisión.

Lo cierto es que volví a mi casa con mi enorme panza, con el compromiso de mantenerme en absoluta tranquilidad, porque todo estaba en marcha, y no había ningún motivo aparente, para sacar a mi hijo del útero antes de tiempo.

Yo lloraba y les pedía por favor que me aseguraran que todo estaba bien, a lo que me respondían que de no ser así, no me estarían enviando de vuelta a casa.

Me preocupaba sentir que mi hijo no se movía mucho, pero el doctor me calmaba, diciendo que era debido a que estaba grande y tenía poco espacio dentro de mí para moverse, también me explicaba que al estar tomando sedantes para bajar la presión, el bebé también dormía por más tiempo.

Llegamos a casa más nerviosos e intranquilos que las dos veces anteriores. Esos dos días que pasé en casa, acostada, fueron difíciles. El miedo se había apoderado de los dos y nos sentíamos con mucha angustia e incertidumbre. Estaba terriblemente hinchada, manos piernas, boca y todo. Ya estaba en la etapa final y en pocos días nacería mi hijo.

Una madrugada desperté con pesadillas terribles y, ahogada en llanto no quería ni siquiera decir lo que estaba soñando. Debía estar bien para cuidar a mi hijo, que dependía absolutamente de mí. Me levanté al baño, con mucha dificultad por lo grande de mi panza y además, la gran hinchazón en todo el cuerpo hacía que todo fuera más complicado. Al entrar, no podía creer lo que veía. Dentro de la pileta había una rana enorme que comenzó a saltar, ante mis gritos desgarradores. Justo en ese momento de tantos cuidados y cuando más tranquila debería estar, apareció ese animal que tanto le temo todavía. Mi esposo me contuvo todo lo que pudo, sacando al animal de mi vista, pero con el ataque de pánico que me provocó, no pude dormir el resto de la noche, manteniéndome en un estado total de angustia.

Al día siguiente, fui nuevamente a la cita de control materno y le conté al doctor el episodio, pero intentó tranquilizarme diciendo que nada de eso afectaría el embarazo, que muchas mujeres que sufrían fobias, etc. Para demostrarme que todo estaba normal, viendo que mi presión estaba bien, me subió a la camilla y me colocó el aparatito para sentir los latidos nuevamente de mi bebé. Intentó una vez, dos veces, tres veces, y yo empecé a llorar a gritos preguntándole que pasaba. Vi su cara blanca como una pared, y comenzó a hacerme preguntas de todo tipo.

Me tomó del brazo, me sentó en la camilla y empezó a golpear suavemente mi espalda a la altura los riñones para que mi bebe reaccionara de alguna forma, pero nada pasó. No se escucharon los latidos. Todo ocurrió en un instante. Mi hijo había muerto dentro de mí... Yo fui su único alimento y su nido. Tantas y tantas veces acaricié mi vientre hablándole de todo el amor que había guardado en mí para él. Mi hijo, el verdadero motivo de mi lucha incansable.

¿Cómo seguir después de esto? Yo no podía ni quería ya vivir más.

Mi vida se iba junto a él, así se lo dije a los médicos que pretendían consolarme diciendo que estas cosas pasaban, que era muy joven, que podría volver a intentarlo.

Nuevamente sentí que yo no contaba para nadie, que no servía para nada, como me habían inculcado siempre y la prueba estaba dentro de mí. Ni siquiera serví para darle vida a mi hijo.

Luego de largas horas en trabajo de parto muy lento, agonizando de tanto dolor, alucinando con las contracciones provocadas por la medicación que tenía vía intravenosa, para acelerar el proceso. Rogué con todas mis fuerzas a los médicos que me dieran algo para morir junto a él. Cada vez que mi vientre se movía yo confundida creía que se habían equivocado y mi hijo aún seguía con vida.

Finalmente, me practicaron una cesárea y al despertar, ya todo había pasado, pero lo peor fue despertar, sin querer hacerlo.

Pedí con todo mi corazón que me permitieran verlo. La familia se oponía, tratando de protegerme y evitar más dolor ante esta situación que ni ellos sabían cómo enfrentar. Los médicos dijeron que las madres tienen el derecho de ver a sus hijos, si así lo piden.

Así fue como me trajeron a mi hijo, un niño hermoso, de 36 semanas de gestación, pesaba 3 kg 700g. Lo pusieron en mis brazos, lo besé y lo acaricié tanto. Le pedí perdón una y mil veces mientras observaba todo su cuerpecito, su carita, sus ojitos cerrados. Estaba dormidito, dormido para siempre... y yo, no pude hacer nada.

Surgieron tantas preguntas. ¿Por qué si todo estaba bien, mi hijo había muerto? ¿Por qué no me hicieron cesárea el día que me subió la presión y me internaron asegurando que me la harían? ¿Por qué cuando pedíamos que me dejaran internada hasta el final, para evitar más complicaciones, me contestaron de mala manera que yo era una caprichosa, todo estaba bajo control, y no había motivos para dejarme en el sanatorio ya que no existía para el bebé mejor incubadora que mi vientre? ¿Por qué esa negligencia humana, por qué?

Nunca tuve una respuesta coherente. Así comenzaba un nuevo calvario para mí, lo peor de todo era que mi bebé había muerto y yo seguía viva.

Nuevamente postrada en aquella cama, absolutamente sedada, oía como murmuraban buscando alguna solución para que mi regreso al hogar no fuera más dramático. Hablaban de sacar la ropita de mi hijo para que yo no la viera, creyendo que si no estaban sus cosas me dolería menos. Como pude, les pedí que no sacaran nada, que dejaran todo como estaba, que yo misma me haría cargo de sacar todo, así como había preparado cada cosa para recibirlo.

Esa noche, un sacerdote amigo se quedó junto a nosotros, nos acompañó en nuestro dolor, y fue el único que me dio la razón, el único que entendió por qué yo ya no quería seguir viviendo. Cómo no iba a entenderme si sabía muy bien con cuánto amor esperaba a ese hijo y lo mucho que lo necesitaba.

Volví a casa cuatro días después, con el vientre abierto con una herida, de donde sacaron a mi hijo sin vida. Mi corazón estaba vacío, absolutamente vacío. Permanecí en la cama por casi dos meses, nada me importaba y nada tenía sentido. Me levantaban cuando tenía que ir al doctor y volvía a la casa a encerrarme. Cada día que pasaba, más vacía estaba mi vida. Fue una de las Navidades más tristes.

REFLEXIÓN

¿NEGLIGENCIA O DESTINO?

Existen situaciones a lo largo de la vida que confabulan, arrojando un resultado que no esperábamos y de las cuales quedamos exhaustos al tratar de entender, que pasó. Especialmente cuando suponemos que lo hemos previsto todo, recursos, energía, tiempo, sueños e ilusión. Enfrentando el resultado, nos convertimos en testigos y herederos de un sistema que no termina de ajustarse a las necesidades de la sociedad, como lo es la atención médica.

Esta sociedad tiene demasiados errores humanos, que podrían evitarse, con más transparencia, dedicación y servicio real para quien acude y se encuentra en una situación de necesidad. Miles de mujeres, pierden a sus hijos por negligencia médica. Es hora de ajustar los mecanismos adecuados, para dar paso a un acontecimiento único, como lo es, el nacimiento de un bebé. Mujeres con ilusiones puestas en el hijo que nacerá, preparadas para recibirlo con el amor y la esperanza a flor de piel, quedan sumergidas en un dolor eterno.

No es justo que vuelvan a casa con las manos vacías, simplemente porque no las escucharon ni les dieron importancia a sus dudas y miedos. Callaron sus voces, con un ¨está todo bien¨ para ganar tiempo y pasar al siguiente paciente que seguramente, también tendrá sus dudas.

No es justo, que situaciones como esta continúen. No es justo perder un hijo, por falta de atención médica, no es justo, acumular otro dolor, cuando podría haberse evitado.

Hija del dolor

.

CAPÍTULO XIX
EL SUEÑO DE SER MADRE

En febrero del año 1990, tuve una charla con mi nuevo ginecólogo, quien me aseguró que estaba apta para intentarlo nuevamente, pero que era necesario esperar un año, mientras me recuperaba anímica y emocionalmente.

Fueron pasando los meses, mientras me iban haciendo estudios que confirmaban que todo estaba bien. Luego de seis largos meses de ansiedad, angustia e intentos fallidos, hasta que finalmente me anunciaron que un nuevo bebé estaba en camino.

No puedo explicar la mezcla de sentimientos, alegría, esperanza, emoción, y el miedo. Regresó mi temor de no poder cumplir con mi parte y de pasar otra vez el dolor por la muerte de un ser inocente.

Mi embarazo transcurrió con cuidados de alto riesgo. Cada día que pasaba, mi miedo aumentaba más y más, pero algo me decía que lo lograría, una voz muy muy dentro de mí, me daba fuerzas cuando flaqueaba.

Volvieron las pesadillas, las largas noches de insomnio, las dudas, el llanto, pero seguía, acatando cada cosa que el médico me aconsejaba.

Por el antecedente del primer embarazo, en el séptimo mes, programaron una cesárea, en la semana 32 de gestación, previa maduración pulmonar de mí bebe.

Así fue como el 14 de enero de 1992 a las 9:20 de la mañana, conocí la FELICIDAD por primera vez. Era un martes de verano, llovía a cántaros, y jamás imagine que pudiera estar tan agradecida a la vida. Finalmente se había cumplido mi sueño de ser madre.

REFLEXIÓN

DAR VIDA

Somos seres generadores de vida, en todo lo que hacemos.

Creamos, moldeamos, construimos y curamos. Somos dadores de vida constantes, en el amar, ayudar y cobijar.

Engendrar un hijo en nuestro vientre es sentir la vida en su total esplendor.

Sentir su latir nos llena de esperanza, nos da sabiduría natural para a través de los instintos, ser mejores seres humanos, poseídos por la magia y percepción del amor real.

Dar vida es la mayor expresión de sentir la sangre correr por nuestras venas, en el torrente genuino de su camino dentro de nuestro ser.

Apartándonos del mundo real, nos sumergimos en un estado de nobleza, potenciando los sentidos a un nivel de perfección único.

Aprendemos a dar vida a través de nuestro cuerpo, dando a ese ser que sale de nuestras entrañas, toda nuestra energía, así como también todos nuestros miedos, sueños y esperanzas.

Depositamos en ese ser que creemos nuestro, todo nuestro amor, convirtiéndolo en un pretexto para continuar en el tramo de vida, con toda la fuerza que promete ese cuerpito tan lleno de luz.

Dar vida es siempre el mejor motivo para dar gracias y volver a soñar.

CAPÍTULO XX
ANGELO, MI RAZÓN DE VIVIR

Cuando me pusieron a mi hijo en el pecho, sentí por primera vez lo que era ser feliz, y también supe que nunca más estaría sola...y así es hasta hoy.

Su llanto, su carita, todo aquel ser tan chiquitito e indefenso había llegado para llenar absolutamente todos mis espacios vacíos. Lloré muchísimo de tanta felicidad, amor y dolor acumulado durante todo el embarazo.

Luego de la cesárea, me llevaron a la habitación y allí estaba a mi lado, en su cunita, dormidito, tranquilo, y sanito. Le había rogado tanto a Dios que le permitiera vivir y me había escuchado.

No puedo dejar de recordar la profunda tristeza que nos causó verlo tan parecido a su hermano. Ese ángel que dos años atrás, no había podido sobrevivir. Eran como dos gotas de agua.

Era hora de disfrutar tanta felicidad, tanta bendición y sin duda alguna, tuve la certeza que valió la pena seguir viviendo y seguir luchando.

Había valido la pena intentarlo una vez más, porque la vida en ese momento me daba la recompensa más hermosa, mi hijo, mi ángel, mi bebé amado. Ángelo era mi realidad, mi aire, mi oxígeno, mi sangre. Ángelo era, es y será mi más grande motivo y motor de vida. Ángelo es mi todo.

Tenía un nuevo mundo frente a mí en ese momento. Muerta de miedo, lo tomaba en mis brazos y cuando nadie lo notaba, escuchaba su respiración, porque me costaba creer que estuviera bien, aún me quedaba el temor por lo vivido, un tiempo atrás.

Lo besaba, lo acariciaba y me estremecía una alegría indescriptible, una alegría que todavía siento.

CAPÍTULO XXI
MI MADRE Y SU FIN

Solo viví ocho años al lado de mi mamá. Luego de la tragedia de 1973, la vi ocho o diez veces más, hasta que pedí no verla más porque me daba miedo ir al lugar donde se encontraba internada. Mi hermano y yo íbamos solos a visitarla, así que siempre temía que al estar a solas con ella, intentara matarme nuevamente.

Yo no sabía que estaba enferma, nunca nadie me lo dijo. Con mi mente de niña no alcancé a razonarlo, hasta que siendo adulta recibí ayuda terapéutica.

Mi padre, ese hombre que nunca me quiso, siempre insistió en que mi mamá era una asesina y que ella había destruido tanto la vida de él, como la de nuestra familia. Además, me decía que yo era su karma, porque era igual a ella.

Recuerdo sus palabras exactas mientras me castigaba:

"Sos lo peor que pudo haberme pasado, lo que empezó tu madre en mi vida, lo vas a terminar vos, pero te juro que voy a matarte a palos. ¿Por qué no te habrás ahogado aquella noche en lugar de tus hermanos?"

Esa frase, "¿por qué no te habrás ahogado aquella noche'?' la llevo en mis venas y en mi sangre por el resto de mi vida.

Durante algunos años, perdí el contacto con mi madre y no tuve más noticias suyas, hasta que a mediados de 1979 supe por mi padre, que había salido del Hospital Vilardebo y que vivía con mi abuela, pero ya nosotros vivíamos en Santa Lucía y yo creí que nunca me encontraría.

El día que cumplí mis 15 años, en la mañana golpearon la puerta de nuestra pequeña casa y al abrir estaba ella con su mirada triste y feliz a la vez, porque me había encontrado. Entre gritos y llanto le pregunté qué había venido a hacer y antes de salir corriendo a la casa de una vecina, le grité que se fuera, que no quería verla. Yo estaba sola y temía que me hiciera daño.

La vecina que me agarró fuerte mientras le pedía ayuda, luego me dejó en su casa y fue a hablar con ella, pero ya había llegado mi padre. Pude ver que hablaban, pero nunca supe de qué, mi padre nunca me lo dijo. De repente me llamaron para que le diera un beso y me entregó un reloj de regalo. Yo le agradecí y me fui nuevamente. Luego, me avisaron que ya se había ido y no volví a saber más nada de ella.

Un año después, me dijeron que ella había tenido un hijo y el impacto fue muy grande. Yo no lograba entender ni aceptar cómo una persona, que había hecho algo tan terrible unos años antes, podía ser capaz de poder traer otro hijo al mundo. Yo no lo entendía y no lo aceptaba, pero además no tenía a nadie que me lo explicara. Mi cabeza no encontraba paz ni explicación a nada.

Mi hermano mayor, quien sí mantenía el contacto con ella, me contó que el padre de su pequeño hijo era un señor mayor que ella, que la quería, la cuidaba y la ayudaba mucho.

Yo seguía negando todo, no quería saber nada de ella, ni del señor y menos del niño. Así pasaron los años, hasta que ella se enteró que yo me casaba y me envió un mensaje diciendo que quisiera yo, o no, ese día ella iba a estar presente, porque era mi madre y tenía todo el derecho.

Mi novio me hizo entender que a pesar de toda la situación, ella tenía razón y que ese día debíamos pasarlo lo mejor posible, así que me rogó que me calmara y le permitiera venir. Después de todo era una ceremonia sencilla, luego nos iríamos y no volvería a verla si no quería.

Luego de haber perdido mi embarazo unas horas antes de casarme, llegamos al Registro Civil y entre las pocas personas que había, allí estaba ella junto a su esposo y a su a su pequeño, de casi tres años. Nunca olvidaré ese instante en el que me acerqué a saludarlos y ella, con su mirada siempre triste, me dio un beso, pero no se animó a abrazarme, me respetaba tanto que no se atrevía.

Cuando me acerqué para besar al hermoso niño rubio, chiquitito e inocente de todo, él me miró y diciéndome, "tú no me mires a mí" no me conocía, pero presintió mi rechazo. No es que yo hubiera decidido rechazarlo no, juro por mi vida y mi sangre que no era eso lo que sentía. Este niño me traía recuerdos de mis hermanitos muertos, y no podía resolver esa situación dentro de mí. Luego de la ceremonia se fueron, y por muchos años no volví a saber de ellos.

Meses después de haber perdido mi segundo embarazo, le dije a mi hermano que me acompañara un día a verla, porque yo estaba muy mal y tenía esa necesidad. Él le pregunto a mi mamá si un día podíamos ir juntos a su casa y ella feliz respondió que sí.

Ella estaba al tanto de lo que me había sucedido y la hacía muy feliz que yo quisiera verla. Un domingo fuimos a su casa, me recibieron de una forma muy natural, hablamos y pasamos el día juntas. Raúl mi hermanito, que ya tenía casi diez años, me hablaba y me mostraba sus juguetes como si me conociera de toda la vida. Mi madre junto a su esposo, me contó que estaba muy enferma de los nervios y que vivía entre médicos, psiquiatras, internaciones y curas de sueño, un calvario sin fin. Fue un día especial, nunca pude explicarme porque decidí ir, creo que simplemente sentí la necesidad y lo hice.

Volví a desaparecer y seguí mi lucha, intentando tener un hijo. Cuando el nuevo embarazo llegó, el médico me indicó de antemano, que debía estar muy tranquila, que no debía dejar que nada ni nadie afectara mi estado. Debía pensar únicamente en mí y en mi hijo, y así lo hice. Incluso pedí a mi familia que por favor me guardaran el secreto, para que mi mamá no se enterara. Sentía terror de que quisiera verme y me diera algún ataque de pánico, como ya había ocurrido.

Después de un año de haberme convertido en madre, ella todavía no lo sabía. Más tarde se enteró, pero no llegó a conocer a mi hijo personalmente, solo por fotos que mi hermano le mostraba.

Por un tiempo no tuve ninguna novedad de ellos, hasta que un día, me avisaron por teléfono, que mi mamá se había suicidado. Ella puso fin a su calvario el 26 de agosto de 1994. Lloré hasta quedarme sin lágrimas, esa noche.

REFLEXIÓN

DESDE LAS ENTRAÑAS...

Hay un momento en que la vida y la muerte se conjugan, en una suerte de partida y de llegada, es en ese tiempo donde el límite entre ellas se vuelve sutil.

Un ser que parte se lleva consigo sus secretos, sus sueños y deja su legado, sus momentos compartidos y las pertenencias que hablan de un pasado.

Quedan en los que amó y le amaron, preguntas sin respuestas y seguramente muchas palabras por decir.

En un ser que nace, sobrevienen los intentos de que todo sea perfecto, que en sus genes renazca lo mejor de sus ancestros y que pueda tener una vida mejor.

La vida y la muerte siempre tendrán lugar, a veces solo viviendo sin vivir, o muriendo sin morir.

CAPÍTULO XXII
MAMÁ NO PUDO
VELATORIO

Era una mañana soleada llegue en compañía de mi esposo al lugar donde la velaban, mi hijo se quedó en casa con su "Yaya".

Llegué muy nerviosa, me esperaban mi abuela y mis tíos, para abrazarme. Ellos siempre habían respetado mi decisión de no verla, y con ellos desde siempre había tenido muy poco trato, eso hizo aún más difícil aquel momento tan triste.

Me acompañaron adentro donde estaba ella descansando finalmente, y a su lado estaba paradito llorando desconsoladamente, Raúl. Mi hermano tan chiquito, tan indefenso, con apenas 13 años, tratando de entender el porqué de esa decisión.

Me acerqué como pude, no sé de dónde saqué fuerzas, y me quedé inmóvil mirándola, sin poder siquiera darle un beso de despedida, porque hasta en ese estado en que ella estaba descansando, le tuve miedo.

Me di vuelta y miré a Raúl de frente, por primera vez lo abracé fuertemente y en ese instante sentí que tanto él como yo, estábamos en igualdad de condiciones, que los dos nos habíamos quedado sin mamá y viviríamos el resto de nuestras vidas sin ella.

A partir de ese día, mi hermano y yo comenzamos una hermosa relación, quizás no sea como hermanos verdaderos, pero es una relación sincera, de respeto y cariño. El jamás me reprochó nada, ni mucho menos me pidió explicaciones sobre mi proceder ante ellos. Me aceptó así, con mis aciertos y errores, y un día que nos dispusimos a hablar un poco más profundo, me confesó que siempre estuvo al tanto de todo, porque mi mamá le había contado absolutamente toda la historia, y él siempre supo que tenía una hermana, que no lo veía por decisión propia, pero que a pesar de eso, yo seguía siendo su hermana. Así que desde el 26 de agosto de 1994, tengo a mi hermano de sangre materna y dos hermosos sobrinos.

REFLEXIÓN

HERENCIA

Las circunstancias de la vida, nos marcan, por herencia, por vivencias propias o hechos con nombre y apellido.

Nadie puede determinar hasta donde llega el dolor y el sufrimiento, cuando se trata de un inocente, que solo debería de estar pensando en cómo jugar mañana con sus amigos. Quizá su mayor problema debería ser, la tarea de la escuela, o simplemente el juguete que tanto ansía tener.

Hechos de violencia que marcan definitivamente el alma de quien lo vivió.

Vivimos en una sociedad en la que aun con los adelantos tecnológicos, siempre prevalece el sentido de la familia, de la educación, del ejemplo y del amor.

No importa la época en la que vivamos, la familia es la base de toda sociedad y es el lugar donde se recibe el primer ejemplo de valores humanos, tan importante para la relación con los demás.

El primer paso para pertenecer a la sociedad es interactuando con otros y entendiendo a través de nuestras diferencias que somos parte de un todo.

Lo ideal para cada ser humano que llega a este mundo, es nada menos que ser recibido con amor, ilusión y dicha en el seno de una familia.

A lo largo de nuestra vida, tendremos hechos en los cuales reflejaremos el aprendizaje que hemos recibido de forma natural o algunas veces sin quererlo.

No siempre estaremos del todo satisfechos, ni aplicaremos lo que realmente nos define como miembros de esa familia a la que pertenecemos.

En esta historia, tan intensa, dolorosa y poco común, hay aspectos en los que sin duda, nos vemos reflejados. Quizás en el dolor, en la injusticia, en la culpa, el desamor o el sometimiento. Otros quizás en la violencia, la obligación de estar en un lugar donde no se quiere, la dependencia, la traición o en el silencio.

Eso que tantos callan por no terminar con una situación que daña la vida de una familia, obligada a continuar junta, como si fuera una condena.

Ese silencio de muchas mujeres golpeadas, abusadas, maltratadas, de muchas niñas que van a la escuela después de haber sido violadas por sus propios padres.

Esa complicidad que hace que la violencia no pare y continúe saboteando la vida de tantas personas que quieren hablar y no se atreven.

Paralelamente esas mismas familias ya destruidas, le sonríen a la sociedad pretendiendo que todo está bien, y hasta se horrorizan por lo que se enteran que sucede afuera.

Hace falta algo que detenga la violencia de cualquier tipo, en nombre de personas que justifican despiadadamente sus hechos.

Más allá de los problemas psicológicos que desencadenan una tragedia, gran parte de hechos de hechos violentos, se alimentan del silencio.

Tomemos nuestra vida y la vida de quienes nos rodean como algo sagrado, y veamos donde está el límite para no tener que presenciar más violencia en el seno de la familia.

CAPÍTULO XXIII
SECUELAS

Ya mi hijo hermoso tenía dos añitos y nosotros cumplíamos diez de casados.

Habíamos comenzado tan mal al principio y habían pasado tantas cosas a pesar de ser jóvenes, nuestra relación de pareja venía muy desgastada. Sin embargo, los dos mantuvimos siempre la esperanza de tener una familia y decidimos empezar de cero, con la llegada de Ángelo. Creímos que este evento nos uniría, dejando en el pasado todo lo feo y lo triste.

Por amor a nuestro hijo, tratábamos de llevar una vida armoniosa, pero los desacuerdos, la rutina, las peleas, la falta de amor y la culpa, nos abrumaban. A pesar de todo esto, seguíamos juntos, creyendo que era lo que debíamos hacer.

Las discusiones eran a diario, por todo y por nada, con caracteres totalmente diferentes, a veces creíamos que era bueno y otras que era imposible convivir así. La rutina se había apoderado totalmente de nosotros.

Cuando Ángelo tenía seis años, comenzó con un problema en el habla, lo llevamos a la pediatra, luego a una foniatra, en los resultados de los exámenes no se detectaba nada anormal, pero él seguía con dificultades al hablar en determinados momentos. Decidieron referirlo a una psicóloga.

Luego de tratarlo por un tiempo, nos tranquilizó diciendo que teníamos un hijo hermoso, sumamente inteligente y sano, pero que su problema era sin dudas emocional, originado por la vida familiar que llevábamos, específicamente por nuestro problema de pareja, ya que sin querer se lo estábamos transmitiendo a él.

Sentí que mi mundo se derrumbaba. ¿Cómo era posible que yo le estuviera haciendo daño al ser más importante en mi vida? ¿Cómo podía ser tan mala madre, para no darme cuenta de cuánto lo estaba perjudicando? Estaba tan acostumbrada a que me culparan de todo que ese día me sentí el ser más ruin que había en la tierra, porque evidentemente yo era responsable de la salud de mi hijo y eso era imperdonable.

La Psicóloga, mirándome fijamente, me dijo que le gustaría poder tratarme a mi y le dije que no, que no iba a poder, que no creía que pudiera hablar de ciertas cosas. Me pidió que me quedara tranquila, que era por el bien de Ángelo, y que no estaba obligada a decir nada que no quisiera, pero que al menos lo pensara.

Los problemas cotidianos seguían, y además el sentimiento de culpabilidad por la salud de nuestro hijo. No pasó ni un mes cuando decidí llamar a la psicóloga para pedirle una consulta, a la que fui muerta de miedo.

REFLEXIÓN

CONVIVENCIA

Las relaciones humanas son constantes modos de interactuar, aportando desde nuestro intelecto, cultura, nivel de educación, lenguaje, creencias, tradición, etc.

A medida que crecemos, vamos desarrollando más mecanismos de defensa que nos impiden aceptar los cambios. Sentimos un arraigo absoluto por nuestra manera de sentir y entender la vida en su conjunto.

De ese modo es que al compartir con otro, y en este caso, al casarnos estamos sujetos a cambiar aspectos que no siempre queremos modificar. Es muy complejo el proceso de adaptación de ambas partes.

Cada uno trae consigo, experiencias, modos, costumbres que lo hacen un ser único, y no siempre estamos dispuestos a modificar nuestra conducta, para recibir aceptación del otro.

Es así como emprendemos una vida en común, en una relación con altibajos, acuerdos y desacuerdos, aprendiendo a buscar recursos para convivir. Como padres, le transmitimos a nuestros hijos, lo positivo y negativo de esa convivencia, que marcará la diferencia en su proyecto de vida, llevando consigo también nuestras heridas y alegrías.

Hija del dolor

CAPÍTULO XXIV
AYUDA PSICOLÓGICA

Así fue como llegó a mi vida la Dra. Mónica González. La primera vez salí de su consultorio creyendo que era en vano ir, porque solo había hablado de los problemas que teníamos en la pareja y no sabía si estaba bien o mal hablar, sin que estuviera el papa de mi hijo presente, porque obviamente yo trataba de defenderme de todo, no quería ser la única responsable de la situación.

Luego vinieron las próximas sesiones y sin querer mi psicóloga fue buscando la manera de que yo me pudiera abrir de a poco. Fue haciendo desnudar mi alma hasta que sin darme cuenta me encontré frente a un gran ser humano, dispuesta a escucharme y dedicar todo el tiempo necesario.

Reconozco que Mónica González es hasta hoy, la única persona que realmente me conoce, la única.

Los años de terapia fueron los más importantes de toda mi vida. Recuerdo cada sesión con ella, y siento la necesidad de agradecerle por haberme ayudado tanto. Recuerdo mis llantos desgarradores ante tanta impotencia, totalmente desvalorizada como persona, como madre y como mujer. Sentía que todo lo había hecho mal y responsable de todo lo que me pasaba y le pasaba a los que yo quería.

131

Yo buscaba en esas terapias respuestas. Quería saber por qué, hacía todo mal, nadie me quería, nadie me escuchaba, mi padre me odiaba de esa manera, mi hermano me ignoraba, y sobre todo por qué yo no había sido capaz en todos esos años de lograr que mi esposo pudiera amarme. Muchas veces me dijo que me quería, pero que nunca había podido amarme y no logré nunca que naciera ese sentimiento en él, ni en nadie. Me sentía culpable de todo.

Poco a poco, algunas respuestas fueron llegando, pero no fue ella quien me las dio, no. Como buena profesional, me ayudó a conseguir las respuestas dentro de mí. Eso me decía cuando yo decaía y me ahogaba pidiéndole por favor que me ayudara, a lo que me respondía, llorando a la par mía (jamás olvidaré su llanto a mi lado), que ella me estaba ayudando y que me tendía su mano, pero que el paso debía darlo yo sola, para así lograr mi curación interna.

Algunas veces, yo entraba en crisis importantes, y ella con su paz, dejaba la lapicera, giraba alrededor del escritorio, acercaba una silla al lado de la mía y me tomaba la cabeza entre sus brazos y acariciándome el pelo me sostenía fuerte, muy fuerte mientras yo lloraba del dolor y la impotencia, sin poder decir una sola palabra. Varias veces fue así, hasta que poco a poco fui sintiendo una necesidad imperiosa de que llegara el día de terapia, porque al fin había una persona dispuesta a escucharme, a ayudarme, pero sobre todo a no juzgarme, reprocharme, y mucho menos culparme de todo.

Con ella aprendí a quererme un poco, a valorarme y a comprenderme a mí misma. Pero también me enseñó a aceptar las cosas que me tocaban, sin importar si las merecía o no, me hizo ver hacia adelante, me dio armas para seguir avanzando, para continuar mi lucha, para algún día ser alguien, yo necesitaba ser alguien, porque me creía un despojo humano.

Un día le pregunte por qué yo no era capaz de enamorar a alguien, por qué en todos esos años no había conseguido que mi esposo me amara, y me respondió:

-Porque el amor no se ruega, no se mendiga, no se pide, no se llora, el amor se siente o no y tú Teresa, depositaste en tu esposo todas tus necesidades, lo idolatraste, en el buscabas un novio, un amigo, un hermano, un amante, un padre y él no podía con todo, porque es un ser humano, no es un Dios.

Dolió mucho ese proceso de aceptación y resignación, pero también lo sobreviví de la mejor manera que pude. Perdonando, entendiendo, hasta que llegó un momento en mi vida que con muchísimo miedo tome la decisión de plantearle a mi esposo la separación definitiva. No era justo para mí tener al lado a un hombre que no me quería y tampoco era justo para él, ya que jamás lograría ser la mujer que el necesitaba a su lado.

Ese tiempo fue horrible, creo que aun hoy no me lo perdona, pero yo sentía que debía y podía ser feliz algún día y que juntos ya no podía ser. No quería seguir dando ese ejemplo a nuestro hijo, después de todo, él era a quien más amábamos los dos.

Me había equivocado mucho y como pareja se había muerto todo, ya ni respeto nos teníamos, y nuestro sueño de familia se había desvanecido totalmente. Sufrí mucho e hice sufrir a mi hijo y a mi esposo. Si bien los sentimientos estaban claros de ambos lados, él sentía que yo echaba por tierra todo lo construido hasta ese momento y que a pesar de todo lo vivido, las heridas y los reproches, debíamos continuar juntos. Yo sentía lo contrario; merecíamos ser felices después de casi dos décadas juntos.

Así fue que en el año 2001 me separé definitivamente y comenzó un proceso muy difícil, porque él sufría demasiado. Se sintió abandonado y lastimado, ya que yo nuevamente demostraba lo mala que era, al no pensar en nuestro hijo y la familia. Alegaba que era una egoísta y solamente pensaba en mí. Mi realidad era otra, me separé pensando justamente en la tranquilidad y felicidad para los tres.

REFLEXIÓN

DIVORCIO

El divorcio de cuerpos y estados del alma.

Dos seres con sueños guardados que no llegaron a cumplirse. Ilusiones dormidas que no llegaron a satisfacer su ego, un estado de conciencia que siempre necesita más, porque lo que hay, ya no le apetece.

Duele la espera, mientras intentas encontrar razones que justifiquen la unión de dos seres que vienen de mundos diferentes, con esperanzas distintas, aunque similares. Un espacio en el que no siempre se logra el equilibrio, donde lo tuyo y lo mío se pueda compartir plenamente.

Muchas veces se espera del otro lo que nos falta y esto nos hace sentir incompletos, lo ideal es compartir un ser completo, desde un yo imperfecto. Todos necesitamos de alguien, aunque lo ideal es sentirnos plenos con nosotros primero, para poder compartir y cubrir las necesidades, logrando sentirnos satisfechos. Cuando eso no ocurre, se rompe el esquema propuesto, ya no hay puntos de encuentro y la distancia surge en cada momento.

Divorcio de almas y de cuerpos. Distancia adversa que nos impide revivir, lo que sabemos ya ha muerto.

Hija del dolor

CAPÍTULO XXV
UNA NUEVA REALIDAD

Este nuevo camino en mi vida no fue menos difícil que los años ya vividos. Comenzaba una nueva era, absolutamente sola, sin familia, pocos amigos y la tremenda lucha por salir adelante, compartiendo con el padre de mi hijo su crianza y educación. Fueron años tristes donde experimente todo tipo de sensaciones. Me invadía la soledad y la culpa; me sentía sin fuerzas, angustiada, abatida, pero a pesar de todo, no me daba por vencida.

Era un camino que yo había decidido tomar por el bien de los tres y por mi propio bien. Muchas veces antes de separarme me había detenido a pensar, si sería capaz o no, de enfrentarme sola a la vida, de progresar, de sostenerme y criar a mi hijo.

En ese momento sentía y estaba segura que había llegado hasta este punto de mi vida, gracias al padre de mi hijo, el único y el mejor papá que el merecía. Fueron años de lucha incansable para poder sobrevivir. Seguía viviendo en una ciudad a 60km de Montevideo y debía hacer 120 km en omnibus todos los días para ir a trabajar. Me levantaba muy temprano en la mañana y llegaba a casa en la noche. Todo ese tiempo, mi hijo que aún era pequeño, pasaba sus días entre actividades de la escuela y el basquetbol. El resto del tiempo se quedaba con su papá y su abuela paterna "Yaya".

137

Yo llegaba en la noche, destruida, angustiada y muchas veces impotente. Sentía que las fuerzas me abandonaban, pero yo no debía rendirme, no me lo podía permitir.

En ese camino, seguí cometiendo errores, los mismos que formaron parte de mi crecimiento interno y personal.

Por primera vez, me encontraba tomando decisiones sola y muchas veces la madrugada me sorprendía llorando desconsoladamente. Mordía mi almohada sintiéndome impotente, ahogada y devastada, pero procurando que mi hijo no se diera cuenta, él era muy pequeño para comprender y ya bastante había pasado con la separación de sus padres. Yo lo veía muy poco y lo extrañaba demasiado, como para agregarle un problema más a su cabecita.

Se me hizo muy cuesta arriba al principio, hasta que me fui acostumbrando. En definitiva la vida que llevaba no era tan diferente a la de años anteriores. Si bien tenía una familia, no por eso dejaba de sentirme sola por dentro.

Equivoqué el camino algunas veces buscando un poco de amor, de ternura, de compañía en brazos equivocados, creyendo que merecía un tiempo para mí, hasta que un día dije basta, nuevamente. No era el momento de pensar en el amor, no, todo lo contrario, era mi momento de progresar, de salir adelante, de crecer, de ser alguien. Entonces comencé a estudiar y a prepararme para un mañana mejor.

Fue muy difícil, llegaba tarde a mi casa, cansada y seguía estudiando por las noches. Yo necesitaba aumentar mis ingresos para sostenerme y darle lo mejor a mi hijo. Entendí que debía hacer algo más, ya que con un sueldo de empleada no me alcanzaba.

Así que después de un largo tiempo de sacrificio, logré el título de Quiromasajista, que me permite hoy seguir trabajando en lo que tanto amo. Es un trabajo que realizo con mis manos y mi corazón y a su vez me da la posibilidad de conocer gente maravillosa que llega a mi consultorio cada día. Este fue uno de mis logros importantes, premio de la vida a mi esfuerzo, perseverancia, sacrificio y confianza en mí.

Empecé primero en el consultorio de una amiga, luego abrí con otra amiga, el nuestro y así he seguido trabajando cada día, con la mirada adelante y con la meta de seguir creciendo personal y profesionalmente.

En el año 2011, la vida volvió a sacudirme fuertemente. En un abrir y cerrar de ojos tuve que tomar la difícil decisión de separarme por un tiempo de mi único hijo. Ángelo, mi motivo de lucha por sobrevivir, mi oxígeno y más grande amor.

Se me hizo insostenible mantener mi casa en Santa Lucía donde vivía con mi hijo, a pesar que solo lo veía por las noches, ya que durante el día estaba con su papá y su Yaya a quienes les debo los años de dedicación y amor hacia Ángelo. Sin ellos, mi hijo no sería el hombre de bien que es hoy. También debía sostener mi consultorio en Montevideo, al quedar sola y al frente de todo.

Un día, desesperada y devastada le expliqué a mi hijo la situación por la que estaba pasando, y con una madurez admirable, me sugirió la idea de quedarme viviendo sola por un tiempo, entregando la casa y ahorrando una cantidad de dinero importante, con el que podría invertir en mi negocio y así seguir creciendo. Luego cuando estuviera mejor económicamente, él se vendría conmigo otra vez. Por lo tanto, él fue quien me dio la solución, tomando la decisión de quedarse con su papá, y yo por mi parte, en un mes tuve que dar un vuelco total a mi vida, ya que en el momento no tenía otra salida.

REFLEXIÓN

DECISIONES

Inmersos en el diario vivir, en sus pormenores, sus vaivenes y adversidades, nos encontramos muchas veces con deseos de hacer cambios drásticos en nuestras vidas.

Son esos espacios de tiempo donde nos preguntamos si continuamos el letargo, o terminamos con esa vida que no nos está dando los frutos esperados.

A veces la rutina nos convierte en verdugos de una vida sin alegría ni motivación, con un alto grado de desencanto, y es entonces cuando entendemos que es tiempo de hacer algo.

Tomamos decisiones, que pueden cambiar nuestra vida, de acuerdo al nivel del contenido. Puede ser simplemente un cambio de lugar, una nueva carrera, un nuevo amor o simplemente, cambiar de empleo.

La decisión es un estado del alma, con sabor a futuro.

Hija del dolor

CAPÍTULO XXVI
BUSCANDO MI LUGAR EN EL MUNDO

Todo proyecto de superación tiene un costo y un precio, a veces alto. Perdí todo, absolutamente todo lo material, que hasta ese momento había logrado. Regalé mis muebles, ropa, todo, y por si fuera poco, dejé al ser más importante de mi vida, al cuidado de las mejores manos, pero lejos de mí.

Esto me llevó a una terrible depresión, nuevamente me vi vencida, sola, absolutamente sola. Pensaba que era más lo que perdía que lo que ganaba, porque la distancia que me separaba de mi hijo, también se sentía en el corazón. El aprendió a vivir y valerse sin mí, y ese dolor profundo me oprime el pecho, porque el tiempo que no pasé junto a él, no pude recuperarlo nunca más.

Mi hijo maduró, creció y se fortaleció mientras yo, me ahogaba día y noche responsabilizándome por todo ya que en definitiva nadie era culpable de que no pudiera solucionar la situación en la que me encontraba. Inevitablemente, me culpaba una vez más, de ser la causante de una separación, sin duda la más dolorosa.

Mis amigas y pacientes, se convirtieron en testigos de mi dolor. Me vieron llorar desesperada, sin salida, sin ver una luz. Siempre me escucharon, me apoyaron, me dieron fuerzas y me ayudaron durante todo ese proceso, que duró mucho tiempo, demasiado para una madre separada del único ser que pudo y supo amar en su vida. Ese ser a quien al nacer, le había prometido luchar con todas sus fuerzas para que fuera feliz. Una vez más sentí que le había fallado y me había fallado a mí misma.

Mi hijo jamás me reprocho nada, pero sé que muy dentro sintió que le fallé, que no fui la madre que él esperaba, ni merecía. En ese momento no pude, o no supe resolver las cosas de otra manera y lo pagué con creces.

CAPÍTULO XXVII
NAVIDAD SOLITARIA
UN ENCUENTRO CON LA VIDA

Desde que me separé del padre de mi hijo, caminaba sola por la vida, con pocos amigos y familia, mis navidades fueron muy tristes. Me encerraba temprano en mi casa, hasta que la fiesta pasaba, nadie me veía y nadie se enteraba. Esta era una de las tantas consecuencias de mi decisión de separarme y disolver la familia. La navidad y fin de año del 2012, fue uno de los peores que pude tener, sin duda alguna.

El 26 de diciembre, me levanté a trabajar muy temprano, prendí la computadora y entré a una red social llamada Facebook, recibiendo una hermosa sorpresa, que hizo saltar mi corazón de emoción. Tenía una solicitud de amistad de mi amigo, mi vecino, mi primer noviecito de la niñez, Rodolfo (Fito) Fontela, el hijo de los Fontela a quien no veía desde aproximadamente 40 años. Yo era amiga de su hermana en Facebook, porque siempre tenía la esperanza de encontrar a esa familia y buscándolos, di con ella sin saber si se acordaría de mí, ya que había dejado de verla cuando apenas ella tenía 1 año de vida.

Tenía tanto que preguntarles, ya que permanecieron a nuestro lado durante aquella tragedia de 1973.

Ellos eran nuestros vecinos, así que pensé que tendrían las respuestas que yo necesitaba. Hablábamos esporádicamente a través de la computadora, y un día le pregunté a mi amiga por sus hermanos y sus papás. Me dijo que se habían alegrado al saber que estábamos en contacto y que querían verme; pero yo no estaba pasando un buen momento, así que que le dije que me diera tiempo para tomar fuerzas y enfrentarme al pasado. De esta manera, fui posponiendo, hasta el día después de navidad cuando recibí esa solicitud de Fito Fontela. Nos pusimos en contacto enseguida y yo le explicaba la emoción que esto me producía, empezamos a hablar, siempre en privado. Intercambiamos nuestros números de teléfono para seguir hablando y contarnos como habían sido nuestras vidas durante los últimos 40 años.

Se acercaba fin de año y él me preguntaba:

-¿Cuándo vamos a salir a cenar como dos viejos amigos que se encuentran después de tantos años? Yo no me atreví a decirle que atravesaba un momento difícil emocionalmente, y me daba vergüenza contarle que pasaría fin de año sola, sin familia.

Me costaba demasiado estar alejada de mi hijo. Había pasado nochebuena con él, y verlo irse nuevamente me producía un dolor insoportable. Un dolor que no aprendí a manejar nunca. Delante de él fingía que todo estaba bien, pero al regresar a la soledad del apartamento, la angustia e impotencia se apoderaban completamente de mí.

El 30 de diciembre, hablé con Fito a través del celular, nos deseamos un buen año, con la promesa de encontrarnos muy pronto. La noche del 31, estaba en casa de unos amigos que me invitaron a pasar con ellos y accedí, creyendo que sería bueno estar rodeada de afecto y no tan sola, pero al rato de estar allí me arrepentí de haber ido. La angustia me invadió por completo y no pude contener el llanto al hablar con mi hijo por teléfono y notarlo muy triste. Jamás olvidaré sus palabras de esa noche: - "Mami, te quiero mucho, mucho Mamá" me lo dijo en medio de un llanto desolado que partió mi corazón en mil pedazos.

Al pasar la medianoche volví en taxi a mi ambiente pequeñito, mi espacio, mi lugar obligado. Lo único que tenía, ahí vivía y trabajaba desde aproximadamente dos años.

El primero de enero del nuevo año 2013, ni siquiera me levanté, pasé todo el día sumida en la más profunda tristeza, rezando para que las fiestas terminaran de una buena vez y llegara el día siguiente, para ahogar mis horas trabajando y dejar atrás esas fechas tan importantes para muchos, y tan tristes para otros, como en mi caso.

REFLEXIÓN

BENDITO DESTINO

La vida y sus contrastes, nos sorprende por la dualidad en cuanto a sus respuestas.

Creemos que existe un destino, pero no estamos muy convencidos a la hora de definirlo, porque ignoramos de qué se trata o como funciona.

Nos preguntamos, ¿cómo sucedió esto? y recurrimos a la casualidad, para dar respuesta a lo sucedido, para después quedarnos con la duda de saber si fue o no una realidad.

Bendito destino que a veces apareces y conviertes en realidad aquello que creíamos perdido.

Destino que también nos parte el corazón con vivencias terribles y cambian nuestras vidas, para siempre.

Son esos momentos donde estamos en el lugar correcto y a la hora perfecta para que suceda lo que tiene que suceder.

CAPÍTULO XXVIII
CUARENTA AÑOS DESPUÉS
MIRANDO HACIA EL FUTURO CON ALEGRÍA

El 2 de enero volví a hablar con Fito Fontela, me preguntó cómo había pasado los días de fiesta y obviamente le dije que muy bien. Me contó que su familia era muy numerosa y siempre la pasaban juntos. Me reiteró la invitación a cenar y lo sentí ansioso, pero yo no estaba en condiciones anímicas para verlo, además sabía que iba a ser un momento fuerte para los dos y le dije que estaba complicada con el trabajo y alguna otra excusa.

Pasaron los días y seguimos comunicándonos casi a diario, hasta que un día me dijo que estaba cansado de que yo pospusiera el encuentro y no quería esperar más. Bastante nerviosa y no segura del todo accedí a verlo esa noche. Pasó por mí a las 21 horas, y al bajar en el ascensor para ir a su encuentro, el miedo, los nervios, la ansiedad se apoderaron totalmente de mi ser. Cuando estuvimos cara a cara, nos dijimos apenas un "hola", e inmediatamente nos fundimos en un abrazo fuerte, tan fuerte que no pudimos evitar las lágrimas, presos de una emoción increíble.

Habían pasado 40 años y no sabíamos nada uno del otro, pero ahí estábamos, frente a frente, dos personas adultas, unidos por una historia muy triste de nuestra niñez, la misma historia que me hizo salir del lugar donde nací para no regresar nunca más. Esa historia que él recordaba igual que yo, y que sin explicación conspiraba para unirnos nuevamente.

Hablamos toda la noche sin parar, el tiempo se detuvo para nosotros justo a las 21 horas, con ese abrazo. Íbamos de un tema a otro en un instante, nos causaba risa, parecíamos locos, queriendo saber que había sido de nuestra vida durante 40 años. Pasamos por todos los estados, de la risa al llanto, de la emoción a la tristeza, pero no dejábamos de mirarnos a los ojos ni un instante. Fueron ocho horas, donde pretendíamos contarnos todo.

Veníamos ambos de matrimonios largos, pero con la sorpresa para mí de que él ya era abuelo, y eso me sorprendió bastante, porque creía que me había encontrado con Fito Fontela, el niño de nueve años, olvidando por momentos que se nos había casi toda una vida desde que nos vimos por última vez, en el año 1973.

Nos despedimos con la promesa de continuar nuestra charla, y así fue que poco a poco me fui encontrando con el pasado, con mi pasado, y la vida me ponía adelante a un ser maravilloso que con seguridad respondía todas y cada una de las preguntas que ansiosamente yo hacía. Fueron pasando los días, vinieron más charlas, mates, cenas y paseos al aire libre.

Creamos un vínculo hermoso y profundo. Yo le decía que aún se me erizaba la piel cada vez que nos veíamos, porque tenía mil cosas para preguntarle y él me podía dar las respuestas.

Nos abrazábamos todo el tiempo, era hermoso, pasábamos largas horas juntos y el mundo se detenía cada vez que nos encontrábamos.

CAPÍTULO XXIX
EL COMIENZO DEL AMOR REAL

Un día después de haber charlado varias horas, tranquilos y tomando mate, nos miramos el uno al otro por un rato. Después de una conversación profunda, vino el primer beso, seguido de la confesión de que algo fuerte y hermoso nos estaba pasando al mismo tiempo.

Yo le hablé de mi miedo a equivocarme una vez más, miedo a estar confundida en mis sentimientos, a no saber distinguir entre la emoción tan grande que significaba habernos encontrado y comenzar una nueva historia de pareja.

Fito me miró fijamente con esos ojos profundos, que me hicieron confiar desde el principio. Con una mirada muy clara y muy limpia, me pidió que lo intentáramos, que los dos estábamos solos, y que el sentía algo grande dentro de su corazón, desde nuestro primer encuentro. Con un fuerte abrazo, muertos de nervios, decidimos comenzar juntos nuestra historia, aquella que había quedado atrás, cuando siendo niños jugábamos a ser novios.

Le pedí unos días para hablar con mi hijo, recalcándole que ante todo en mi vida estaba la opinión de él y así fue como le expliqué a Ángelo lo que estaba sucediendo y en pocas palabras me dio su aprobación.

153

Su familia me recibió con los brazos abiertos, no podían creer que estuviéramos juntos. Luego llegaron días hermosos, paseos solos y con nuestros hijos. Tomamos vacaciones y pequeñas escapadas que compartíamos con el solo motivo de seguir conociéndonos y que al mismo tiempo nuestros hijos también se conocieran.

Así fueron pasando los meses y un viernes me invitó a salir, me pidió que me pusiera hermosa porque quería darme una sorpresa. Salimos a cenar como otras veces, era una noche cálida y sentía que esa noche sería distinta. Fito me sorprendió con los anillos y con muchos nervios me propuso casamiento. Le dije que estaba loco, que ya éramos grandes, que ya nos habíamos casado, que él era hasta abuelo. Tomó mi cara entre sus manos y mirándome fijamente me dijo, " Pensálo, pero yo sé que me vas a decir que sí, porque nuestro destino está escrito. Vamos a casarnos y a ser muy felices".

Fito es un hombre sencillo, trabajador, gran padre y maravilloso compañero. Estaba pendiente de mí todo el tiempo, y caminaba a mi lado con la frente en alto, llevándome de la mano con orgullo. Todo esto hizo que me enamorara profundamente, y un fin de semana en la playa, le di el Sí.

Con lágrimas de felicidad, decidí apostarle una vez más al amor.

REFLEXIÓN

EL AMOR
El amor es un sentimiento de plenitud y compartido lo es mucho más.

Es una danza llena de sincronía y colores que se entrelazan en un vaivén de emociones profundas.

Cuánto amor tenemos para dar, que dicha es poder expresarlo y depositarlo en quien lo valora con reciprocidad.

Cuanta dicha para quien ya no creía poder sentirlo alguna vez.

Siempre nos ronda el amor, el romanticismo, en todos los escenarios de la vida. Desde la naturaleza que sigue en pie aun después de las tormenta, esperando por florecer.

En las canciones que hablan de su existencia, en la mirada de un niño, en el nacimiento de un ser y en la caricia de un anciano.

En todo hay una cuota de amor, en la comprensión, en los abrazos, en el respeto y en esa necesidad de que nuestra vida tenga un sentido real.

En esta historia colmada de dolor, por sobrevivir a la adversidad, encontramos el ejemplo perfecto para valorar aún más, la presencia del amor.

Rescatando a un ser que siempre lo esperó, lo necesitó y hasta ahora, cuando ya parecía no existir, apareció en su máximo esplendor.

En esta ocasión, el amor se vistió de ángel con mirada noble. Alguien que conocía la otra parte de la historia y la había sentido desde cerca, siendo un niño. Aquel que jugaba con ella entre las plantas de tomates, aquel que también tenía un sueño, y en sus ojos el espanto de ver el dolor que ella soportaba.

Quien diría que 40 años atrás, mientras miraban los aviones aterrizar, la vida les deparaba la sorpresa de volverlos a reunir en una muestra clara que el AMOR tenía la última palabra.

156

CAPÍTULO XXX
CASAMIENTO

Tiempo después, nos mudamos juntos formando nuestro nuevo hogar. Me sentí plena y feliz. Ángelo vino a vivir con nosotros y gracias a Fito pude cumplir mi promesa de tener un lugar, un espacio para brindarle y recuperar en parte, el tiempo que estuvimos separados.

Ángelo continuó sus estudios, empezó a trabajar y poco a poco nos fuimos reacomodando. Comenzamos un nuevo camino de crecimiento, aprendizaje, llenos de planes como una verdadera familia. Esta vez no estaba sola, eso era cosa del pasado.

Tenía a mi lado a mis dos grandes amores, el de mi hijo y el amor de Fito, mi primer novio, mi amigo, aquel niño que dejé de ver cuando tenía 9 años y la vida nos había juntado nuevamente para no separarnos más.

Con un año de antelación comenzamos a preparar nuestro casamiento. Fito me había prometido que juntos cumpliríamos dos de mis sueños, mi fiesta de casamiento y nadar con delfines.

Sin duda alguna el año 2014, fue intenso y especial. Desde los primeros meses trabajamos preparando todo para que el día de nuestra boda fuera inolvidable. Tuvimos apoyo incondicional de amigos y familiares pendientes de que todo saliera como lo soñábamos. Ambos veníamos de matrimonios religiosos, por lo tanto decidimos solo hacerlo por civil y luego celebraríamos nuestra unión con una fiesta, ocasión en la que pude cumplir mi sueño, vestirme de novia.

A medida que pasaban los meses, los nervios y las ansias crecían más y más. El gran día se acercaba y corríamos para un lado y para otro ultimando detalles.

Por fin llegó el 4 de diciembre, y a las 10:30 horas, llegamos al Registro Civil acompañados de familia y amigos. En una emotiva ceremonia dimos finalmente el Sí, quiero. Estallaron los aplausos y Fito y yo nos fundimos en un gran abrazo empapados en llanto, pero esta vez de alegría, emoción y amor.

El destino nos había dado una nueva oportunidad, una posibilidad de recorrer juntos el camino que habíamos empezado desde niños.

Al día siguiente vendría lo increíble, la fiesta para celebrar nuestra unión y nuestro compromiso de estar juntos en las buenas y malas.

Luego de correr todo el día, llego el momento de disfrutar. Llegamos al salón temblando de nervios. Yo estaba ansiosa de ver a la gente querida que nos acompañarían esa noche mágica.

Al entrar nos esperaban nuestros hijos y los padres de Fito, muy emocionados. Yo tambaleante, abracé a Fito llorando y le dije: "No puedo creer lo que estoy viviendo, decíme que es verdad". Él apretó muy fuerte su mano con la mía y con su mirada dulce y pura, me dijo:

-"¡Sí, es verdad mi amor, estamos juntos para siempre, tranquila que estás conmigo, vamos!" con el corazón pleno de felicidad comenzaba allí nuestra noche.

Bailamos el vals, que no era vals, pero yo lo elegí para ese día, toda mi vida quise ser una pianista exitosa, es algo que aún tengo pendiente. Amo el piano con el alma, por eso esa noche sonó el tema de Richard Clayderman "Matrimonio de Amor" y lo bailamos felices, porque eso era el motivo de nuestra unión, un matrimonio de amor.

En medio de la fiesta se acercó alguien con una carta en su mano y nos la entregó. Emocionados y curiosos la abrimos, y era de mi gran amiga Marita, quien vivía hace ya algunos años en New York y supuestamente, era la gran ausente de la noche, pero no fue así, su amor de amiga incondicional estuvo presente en esa carta y en el inmenso ramo de flores que lucía la mesa central. Ese gesto fue su manera de decir: -"Acá estoy amigos, junto a ustedes en este momento que tanto soñaron".

Bailamos y disfrutamos toda la noche, todo fue alegría y felicidad, mi noche mágica ya no era un sueño, sino realidad.

Volvimos a nuestro hogar con el corazón pleno de felicidad. No todo quedo allí, comenzamos a planear nuestro viaje de Luna de Miel, así que finalmente en mayo, partimos rumbo al Caribe buscando cumplir un sueño más, tocar y nadar con mis adorados delfines.

¡Lo logré! ese día fui inmensamente feliz, lloré muchísimo, pero de alegría y agradecimiento, a Fito por llegar y quedarse a mi lado, a Dios por permitirme estar nuevamente con mi hijo, y a la vida por el milagro de quedar viva aquella noche y permitirme hoy seguir el camino.

Siempre dije que a mí las cosas buenas me llegaban tarde o no me llegaban; pero me equivoqué. Todo llegó en el momento justo para aprender y para transcender.

Hoy levanto mis brazos al cielo y digo con todas mis fuerzas:

-"Bienvenido el dolor de tantos años, si el precio es el de sentirme hoy, querida, valorada, respetada, amada y acompañada. ¿Quién dijo que no se podía amar y ser feliz a los 50 años?

REFLEXIÓN FINAL

Es una ironía creer que después de tanto sufrimiento se puede renacer y volver a creer. Pensamos muchas veces, que ya no podremos, que no vale la pena intentar, que ya es tarde, que no se puede.

Esta historia, es una prueba viviente, de que aun con la heridas, torturas, sinsabores y pérdidas, si crees que puedes, entonces, podrás.

Levantemos nuestras almas y agitemos nuestro espíritu, creamos en la vida, en sus montañas, sus valles, tormentas y huracanes.

Tengamos fe.
A ti que has sido participe de esta historia de vida real, por momentos llenos de desdicha, y otros llenos de amor y vida. Ten la osadía de creer, no importa tu situación que estés atravesando

Gracias por toda tu atención a esta historia que pretende, más allá de describir una vida, ayudar a quien este en situaciones similares para darle el poder de entender que todo vale la pena.

Cuando gritamos nuestros miedos, cuando aprendemos a exigir nuestros derechos, cuando nos damos cuenta que valemos y seguimos adelante.

Teresa hoy es feliz, después de tanto, lo logró, tú también lo puedes lograr.

161

Hija del dolor

TERESITA TORTEROLO

Biografía

María Teresita Torterolo González, nació en Montevideo, Uruguay, el primero de Noviembre de 1964. Quiromasajista de profesión y trabajadora independiente. Fiel a su estilo directo, detallado y reflexivo, se convierte en escritora de su propia historia, publicando este libro que la desmitifica. "Tere" como le gusta que la llamen, tomó la publicación de su libro, como una acción que concluye en su felicidad, para poder empezar a transitar los caminos de la vida con sanidad y plenitud. Sin duda alguna, en esta obra quedan plasmadas las huellas de su existencia.

Tómate tu tiempo para deliberar, pero cuando llegue el momento de la acción, para de pensar y continúa. Napoleón.

Hija del dolor

MARÍA RODRÍGUEZ SÁNCHEZ

Biografía

María Rodríguez Sánchez, nació en Uruguay, estudió Periodismo, Locución y Relaciones Humanas. Trabajó en el diario El País, como vendedora publicitaria. Siempre mantuvo el sueño de llegar al público a través de las letras, hasta que finalmente se presentó la oportunidad de escribir una historia real, con un ser especial, que forma parte de sus raíces y afectos. Sus reflexiones intentan ayudar a quienes escondidos en el silencio y el miedo, no han logrado sobreponerse al sufrimiento por abusos físicos y emocionales del pasado. Este es el comienzo de su historia como escritora y la confirmación de que volverá muy pronto, compartiendo su sentir, en nuevas letras.

AGRADECIMIENTO ESPECIAL

Quiero agradecer en primer lugar a la vida, por darme la oportunidad de expresar mi sentir a través de las letras y compartir con ellas, esta historia tan profunda y real. A mi familia su apoyo, a mis amigos por estar. A mi madre, que me ilumina desde cielo y me da la fuerza necesaria para seguir creyendo en mis sueños.

María

Hija del dolor

Hija del dolor

Made in the USA
Middletown, DE
14 April 2017